52 meditações

para VOCÊ
& SEU FILHO

Publicações
Pão Diário

52 meditações

para VOCÊ & SEU FILHO

Mike Nappa
Jill Wuellner

Copyright © 2017 by Nappaland Communications
Originally published in English under the title
Instant Family Devotions
by Baker Books,
a division of Baker Publishing Group,
Grand Rapids, Michigan, 49516, U.S.A.
All rights reserved.

Coordenação editorial: Dayse Fontoura
Tradução: Irene Giglio
Edição: Dayse Fontoura, Thaís Soler, Lozane Winter, Rita Rosário
Projeto gráfico: Audrey Novac Ribeiro
Capa e diagramação: Lucila Lis

Dados Internacionais de Catalogação na Publicação (CIP)

Nappa, Mike e Wuellner, Jill
52 meditações para você e seu filho.
Tradução: Irene Giglio — Curitiba/PR, Publicações Pão Diário.
Título original: *Instant Family Devotions*
1. Religião prática   2. Vida cristã   3. Meditação e devoção

---

Proibida a reprodução total ou parcial, sem prévia autorização, por escrito, da editora.

Todos os direitos reservados e protegidos pela Lei 9.610, de 19/02/1998.
Permissão para reprodução: permissao@paodiario.org

Exceto quando indicado o contrário, os trechos bíblicos mencionados são da edição Revista e Atualizada de João F. de Almeida © 2009 Sociedade Bíblica do Brasil.

Publicações Pão Diário
Caixa Postal 4190, 82501-970 Curitiba/PR, Brasil
publicacoes@paodiario.org
www.publicacoespaodiario.com.br
(41) 3257-4028

Código: LA986
ISBN: 978-1-68043-278-7

1.ª edição: 2017 • 2.ª impressão: 2021

Impresso no Brasil

*Alimentamos as crianças a fim
de que logo possam comer sozinhas.
Nós as ensinamos para que dentro em breve
possam prescindir desse ensino.*

—C. S. LEWIS[1]

SUMÁRIO

Introdução: Afinal, quem é Watty Piper? 13
Como usar este livro 16

Parte 1 — Diretrizes para discussão sobre o Antigo Testamento

1. A imagem perfeita 23
   Tema: Criado à imagem de Deus. *Texto bíblico:* Gênesis 1:26-31

2. A torre altíssima 27
   Tema: Orgulho. *Texto bíblico:* Gênesis 11:1-9

3. Apresentando-se… 31
   Tema: Conhecendo a Deus. *Texto bíblico:* Gênesis 28:10-22

4. Dez regras para vencer 35
   Tema: Os Dez Mandamentos. *Texto bíblico:* Êxodo 20:1-17

5. Sermões da jumenta 39
   Tema: Perspectiva. *Texto bíblico:* Números 22:21-35

6. A muralha cairá 43
   Tema: Enfrentando desafios. *Texto bíblico:* Josué 6:1-25

7. Eu e a minha casa 47
   Tema: Servir ao Senhor. *Texto bíblico:* Josué 24:14-24

8. Muito fácil para Deus! 51
   Tema: Obediência. *Texto bíblico:* Juízes 7:1-22

9. Amigos fiéis 55
   Tema: Lealdade. **Texto bíblico:** Rute 1:3-18

10. Visão de dentro para fora 59
    Tema: Caráter/ Beleza Interior. **Texto bíblico:** 1 Samuel 16:4-13

11. Que enoooorme!!! 63
    Tema: Coragem. **Texto bíblico:** 1 Samuel 17:20-50

12. Abundantes migalhas de pão 67
    Tema: Fidelidade de Deus/Ação de Graças. **Texto bíblico:** 1 Reis 17:7-16

13. O Senhor é… 71
    Tema: A presença de Deus. **Texto bíblico:** Salmo 23

14. Quanto mais sonoro, melhor! 75
    Tema: Adoração. **Texto bíblico:** Salmo 150

15. Palavras sábias 79
    Tema: Sabedoria. **Texto bíblico:** Provérbios 3:3-8

16. A autoridade dos pais 83
    Tema: Pais / Dia das Mães ou Dia dos Pais. **Texto bíblico:** Provérbios 6:20-23

17. No relógio de Deus 87
    Tema: O tempo de Deus. **Texto bíblico:** Eclesiastes 3:1-13

18. Ossos secos 91
    Tema: Esperança. **Texto bíblico:** Ezequiel 37:1-14

19. O risco de Deus 95
    Tema: Pureza / Obediência. **Texto bíblico:** Daniel 1:1-20

20. Morte antes da desonra 99
    Tema: Fé Arriscada. **Texto bíblico:** Daniel 3:1-28

21. Pare. Recomece. 103
    Tema: *Transformação de coração / Arrependimento / Ano Novo.*
    Texto bíblico: *Jonas 3:1-10*

22. O que Deus deseja de mim? 107
    Tema: *Fidelidade.* **Texto bíblico:** *Miqueias 6:6-8*

23. Socorro! 111
    Tema: *Cuidado protetor de Deus.* **Texto bíblico:** *Naum 1:7*

24. Deus, o Senhor está aí? 115
    Tema: *Oração não respondida.* **Texto bíblico:** *Habacuque 1:2-5*

25. Seja forte — Deus é mais forte 119
    Tema: *Desânimo.* **Texto bíblico:** *Ageu 2:1-9*

26. Exercendo bondade 123
    Tema: *Bondade / Dia Mundial da Bondade.* **Texto bíblico:** *Zacarias 7:8-12*

Parte 2 — Diretrizes para discussão sobre o Novo Testamento

27. Viemos de bem longe para presenteá-lo 129
    Tema: *Nascimento de Jesus / Natal.* **Texto bíblico:** *Mateus 2:1-12*

28. Submergindo 133
    Tema: *Medo.* **Texto bíblico:** *Mateus 8:23-27*

29. Quem é Jesus, afinal? 137
    Tema: *Jesus Cristo.* **Texto bíblico:** *Mateus 16:13-17*

30. O que você está esperando? 141
    Tema: *Seguir a Jesus.* **Texto bíblico:** *Marcos 2:13-17*

31. Bom, melhor, excelente 145
    Tema: *Grandeza.* **Texto bíblico:** *Marcos 9:33-36*

32. É mais fácil falar do que fazer 149
   Tema: Fracasso. **Texto bíblico:** Marcos 14:66-72

33. É só um *pecadinho* 153
   Tema: Tentação. **Texto bíblico:** Lucas 4:1-13

34. Quem é o meu próximo? 157
   Tema: Compaixão. **Texto bíblico:** Lucas 10:25-37

35. Em qualquer lugar de oração 161
   Tema: Oração / Dia Nacional da Oração. **Texto bíblico:** Lucas 11:1-4

36. Alguém está com fome? 165
   Tema: Provisão de Deus. **Texto bíblico:** João 6:1-15

37. Sem saída 169
   Tema: Morte. **Texto bíblico:** João 11:17-44

38. Uau! Você viu isso? 173
   Tema: A ressurreição de Jesus / Páscoa. **Texto bíblico:** João 20:1-18

39. Não é nada! 177
   Tema: O insistente amor de Deus. **Texto bíblico:** Romanos 8:35-39

40. Um amigo Legal 181
   Tema: Amizade Saudável / Dia do Amigo. **Texto bíblico:** Romanos 12:9-21

41. Organismo em ação 185
   Tema: a Igreja / o Corpo de Cristo. **Texto bíblico:** 1 Coríntios 12:12-27

42. Falando sobre colheita 189
   Tema: Crescimento Espiritual / Primeiro dia do outono. **Texto bíblico:** Gálatas 6:7-10

43. Poderosa fraqueza..193
   Tema: Graça. **Texto bíblico:** Efésios 2:6-10

44. Bem vestidos 197
Tema: Estilo de vida amoroso. **Texto bíblico:** *Colossenses 3:12-17*

45. Lucy, ele está em casa! 201
Tema: Volta de Jesus. **Texto bíblico:** *1 Tessalonicenses 4:13-18*

46. Pessoas-Livro 205
Tema: A Bíblia. **Texto bíblico:** *2 Timóteo 3:14-17*

47. Fé é… 209
Tema: Fé. **Texto bíblico:** *Hebreus 11:1*

48. O sistema dizer-fazer 213
Tema: Fé como estilo de vida. **Texto bíblico:** *Tiago 1:22-25*

49. Dome essa língua! 217
Tema: Autocontrole. **Texto bíblico:** *Tiago 1:26; 3:2-10*

50. O que significa amar? 221
Tema: Amor / Dia dos Namorados. **Texto bíblico:** *1 João 4:7-12*

51. Verdadeiro ou falso? 225
Tema: Verdade. **Texto bíblico:** *Judas 1:17-25*

52. O que aconteceu? 229
Tema: Céu. **Texto bíblico:** *Apocalipse 4:1-11*

Apêndice: Vinte dicas para uma família saudável 233
Notas 239

Introdução

AFINAL, QUEM É WATTY PIPER?

O que é, realmente, interessante é que Watty Piper sequer existe.

Mesmo assim, se sua família for como muitas famílias americanas, o Sr. Piper tem tido a mais significativa conversa sobre fé com seus filhos desde seus dias pré-escolares — apesar de seu status de inexistente.

Observe que o nosso querido Watty Piper é o pseudônimo que alguns editores empreendedores da Platt & Munk Publishers criaram em 1930 para usar como autor de um livro de história infantil. A história naquele pequeno livro perdurou por décadas, recontada, de uma forma ou de outra, como uma fábula para as crianças. Quando a Platt & Munk decidiu recontá-la durante a Grande Depressão, ela ecoou como o espírito da América e tornou-se imediatamente um clássico. Oitenta anos mais tarde, ele ainda é um livro essencial na maioria das bibliotecas familiares, berçários e creches.

Então, o que Watty Piper escreveu? Vamos lhe dar uma dica:

Eu acho que posso, eu acho que posso...
Eu acho que posso, eu acho que posso...

É isso mesmo, Watty Piper é o autor ficcional de *A pequena locomotiva* (Círculo do Livro, 1996).

Esta é a história de uma pequena locomotiva utilitária que se atreve a realizar o que todos achavam que era impossível: puxar sozinha uma longa sequência de vagões morro acima em uma encosta íngreme. Há grande chance de você ter lido esse livro — repetidas vezes — para seus filhos. E se não o fez, provavelmente, um de seus professores, babás, bibliotecários ou tios o fizeram.

Na verdade, essa *pequena locomotiva* ficou, recentemente, em 31.º lugar no ranking das *101 Pessoas mais influentes que nunca existiram*. Os criadores dessa lista descrevem o impacto dessa *pequena locomotiva* da seguinte forma: "Ela canta para si mesma enquanto segue morro acima, repetindo sua confiança em sua própria capacidade, talvez o primeiro mantra do pensamento positivo... Ela nos ensina que devemos acreditar em nós mesmos, acreditar que somos capazes de fazer algo".[1]

Ora, *A pequena locomotiva* é um livro de histórias bom e inspirador... *a menos* que essa leitura seja o único momento em que os bate-papos sobre fé ocorram na vida dos seus filhos. Ao contrário de uma pequena máquina, na vida real não podemos simplesmente acreditar em nós mesmos e esperar que isso seja suficiente. A verdadeira fé deve estar solidificada somente em Deus — só então poderemos realizar grandes feitos.

De forma semelhante, a maioria dos livros, programas de televisão e rádio, TV a cabo, vídeos da internet, filmes e tudo o mais que seus filhos possam consumir são boas formas de entretenimento... *a menos* que eles estejam moldando suas crenças sem o benefício de uma rica tradição de bate-papos familiares sobre a fé para orientá-los em seu caminho. Essa é a razão da existência do livro *52 meditações para você e seu filho*.

Não, não estamos sugerindo que você queime todas as cópias do livro *A pequena locomotiva* ou que destrua seu aparelho de televisão ou questione a literatura e cultura de seu país.

Isso seria um absurdo! Porém, estamos dizendo que falar sobre fé no contexto do ambiente familiar de nosso país é importante e influencia tanto o presente quanto o futuro.

Assim, *52 meditações para você e seu filho* foi elaborado com o objetivo de auxiliar sua família a fazer exatamente isso: para que você e seus filhos adicionem um pouco de conversas divertidas e edificantes ao seu estilo de vida do século 21. Para você aproveitar as oportunidades para crescimento na fé que surgem enquanto educa seus filhos. Para ajudá-lo a fazer parte das contínuas conversas sobre Deus que ocorrem todos os dias na mente e vida das crianças. Para ajudá-lo a estar pronto — a qualquer hora, em qualquer lugar — a compartilhar com seus filhos alguns devocionais familiares criativos e centrados na Bíblia. Para dar-lhe uma ferramenta fácil a fim desenvolver memórias divertidas sobre a fé em família, que perdurarão por toda a vida.

É simples... é fácil... e é poderoso.

Além do mais, este livro realmente é tão "breve" quanto o título sugere. As meditações não exigem nenhuma preparação, o que significa que você e seus filhos podem literalmente abrir este livro e aplicá-lo. Significa que as conversas sobre fé em família podem acontecer:

- Ao redor da mesa de jantar,
- Em uma viagem de carro,
- Passeando num parque ou na praia,
- Quando estão presos em casa por causa de um dia chuvoso,
- Em um aeroporto,
- Durante as reuniões e noites em família,
- Na sala de estar,
- Na carona da escola para casa,
- Antes de dormir,
- A qualquer momento!

E há outros itens à sua disposição. Também incluímos caixas de diálogo bíblicos "Nos bastidores" para que você e sua família possam ter uma noção do contexto da passagem escolhida das Escrituras. E, além disso, nós inserimos muitos complementos opcionais fáceis de usar, que podem tornar os momentos devocionais mais prazerosos.

E é isso aí.

Quando você compartilha as conversas sobre fé deste livro com seus filhos, todos se aproximarão de Deus — e uns dos outros. Explorar a Bíblia com essas meditações, incentiva o pensamento crítico e constrói uma base de fé familiar profunda. E, honestamente, jamais foi tão fácil ou tão empolgante estudar a Bíblia com seus filhos quanto com *52 meditações para você e seu filho*.

Sendo assim, vá em frente e dê início a esse projeto de fé com sua família. Respire fundo. Faça uma rápida oração. Reúna seus filhos. Diga a si mesmo: *Sei que Deus pode, eu sei que Deus pode*. Em seguida, vire a página e comece a crescer hoje.

Divirta-se!

Mike Nappa & Jill Wuellner
2012

COMO USAR ESTE LIVRO

Uau, vocês são pais legais!

Estão prestes a conduzir seus filhos a uma aventura inesquecível na Palavra de Deus! E não se preocupem, *52 meditações para você e seu filho* fornecerá tudo o que precisam para fazer isso.

O que é preciso saber antes de começar?

Que tipo de família usa este livro?

52 meditações para você e seu filho foi idealizado para funcionar melhor com famílias em que pelo menos um dos pais esteja presente e os filhos tenham entre 8 a 12 anos. Seus filhos apreciarão essas meditações e o resultado será o crescimento deles no relacionamento com Cristo.

Porém, se têm filhos mais jovens ou mais velhos, na pré-escola ou no Ensino Médio, não presuma que este livro não seja para eles. Para crianças em idade pré-escolar, um irmão mais velho ou um dos pais, muitas vezes, pode ajudar a facilitar a conversa (e ler as passagens bíblicas) com eles. Jovens adultos que já cursam a universidade podem ajudar a tornar a conversa mais profunda e, muitas vezes, vão desafiar seus irmãos mais novos a pensar — especialmente se estiverem conduzindo esse momento de meditação em família. O que nos leva à próxima pergunta...

Quem deve liderar os momentos de meditações em família?

No início, recomendamos que o pai ou a mãe lidere, até que as crianças se sintam confortáveis com o processo e a forma de participação delas. Mas, sinceramente, qualquer um que saiba ler pode conduzir esses momentos — as meditações são bem flexíveis.

Depois de algumas semanas, sinta-se livre para oferecer este livro a um de seus filhos para que ele lidere a família no momento devocional. Não há nenhuma exigência de preparação, então ele ou ela poderá abrir o livro e pronto — seu filho(a) fará grandes descobertas e obterá prática para orientar outros a falar a respeito de Deus. Isso não é excelente?

Com que frequência devemos realizar esses encontros familiares?

Há 52 meditações neste livro. Estamos supondo que você vai usar uma para cada semana durante um ano. É claro que você não precisa fazer isso. Durante o verão, por exemplo, pode ser que você e sua família queiram se reunir para isso duas ou três vezes por semana. Ou durante a correria da época de Natal você pode precisar deixar de realizar esses encontros por uma ou duas semanas.

De fato, você pode usá-las a qualquer momento ou em qualquer lugar, logo, sinta-se livre para definir a agenda dessas atividades com sua família, e então relaxe e usufrua desses momentos. O importante não são os dias e horários em que vocês farão essas meditações em família, mas que realmente se reúnam para ter esses encontros.

Que tipo de preparação é necessária para colocar em ação essas meditações em família?

Hummm... Vamos ver.
Primeiramente, abra este livro em qualquer guia de discussão.
Agora vá em frente.

Sério? Isso é tudo?

Sim. Conduzir um momento devocional em família nunca foi tão fácil.

Além da Bíblia, não é necessário outro material. E como cada guia de discussão inclui informações relevantes sobre a interpretação textual e cultural da Bíblia, não é preciso preparar previamente a lição. Dessa forma você pode aprender da Palavra de Deus juntamente com seus filhos, iniciando discussões de uma maneira descontraída e interativa.

As caixas de diálogo "Nos bastidores" são principalmente para você, pai ou mãe, mas também podem ser compartilhadas com seus filhos. No entanto, como elas incluem estudos de palavras, conhecimentos históricos, notas com comentários e mais, podem ser um pouco difíceis para os mais novos.

Use as informações das caixas de diálogo para esclarecer sua própria compreensão das Escrituras e para ajudá-lo a mediar as discussões. Se seus filhos são mais velhos e mais curiosos, sinta-se livre para compartilhar essas informações "Nos bastidores" com eles, se estiverem interessados, mas não se sinta obrigado a fazê-lo se não parecer apropriado à maturidade deles.

Se quiser fazer mais atividades durante uma meditação ou se tem acesso a materiais simples (como papel e lápis), geralmente incluímos caixas de diálogo especiais "Dica para atividade extra" com conselhos para adicionar mais elementos em uma discussão. Porém, esses complementos, na realidade, não são necessários para a vivência desse encontro. Tudo o que precisa é deste livro e de uma Bíblia. Ah! E de seus filhos, é claro!

Quanto tempo deve durar esse devocional em família?

A proposta deste livro é para que cada devocional dure entre 30 e 50 minutos, dependendo da dinâmica de discussão de sua família.

O que acontece durante cada devocional?

Cada guia de discussão neste livro segue a mesma estrutura.

ABRINDO O ENCONTRO

Trata-se de uma introdução, com uma ou duas perguntas alegres e divertidas, que tem por objetivo apresentar o tema da sessão e ajudar os integrantes de sua família a descobrir um pouco mais sobre o outro.

ABRINDO A BÍBLIA

Este tempo é o âmago do devocional. É o momento para se "escavar" as Escrituras, fazer as perguntas mais complexas e começar a explorar como as mensagens bíblicas se relacionam à vida dos membros de sua família.

ABRINDO A VIDA

Este é o momento para os membros da família desafiarem e encorajarem uns aos outros mutuamente a praticar o que aprenderam e a manifestar esses ensinamentos, por meio de suas ações, durante a semana seguinte.

E outras pessoas? Elas podem participar do encontro?

Sim, claro!

Se seus filhos desejarem incluir os amigos no devocional em família, quanto mais pessoas, melhor. Ou se houver parentes em sua casa para o fim de semana, eles também podem participar. Os devocionais são flexíveis e convidativos, então sinta-se livre para incluir qualquer pessoa que esteja por perto quando você começar.

Se você quiser adaptar o livro e usá-lo em múltiplos grupos familiares (por exemplo, em estudo para grupo pequeno, na classe de Escola Bíblica de diferentes idades ou em retiros), poderá fazer isso. Você e seus filhos também podem optar por usar estes guias de maneira individual, como um devocional particular ou no momento do estudo da Bíblia. Você pode usar este livro a qualquer hora, em qualquer lugar, e com qualquer pessoa (ou sozinho mesmo!).

Há algo mais que eu deveria saber?

Vamos ver...

Jesus se importa com você, com seu cônjuge, com seus filhos e sua *família* — muito mais do que você. E usar este livro para descobrir mais da Palavra de Deus, a Bíblia, transformará a *todos*.

Então, esteja preparado para isso — é emocionante vê-lo acontecer! Deus abençoe você e sua família!

Parte 1

DIRETRIZES PARA DISCUSSÃO SOBRE O ANTIGO TESTAMENTO

A IMAGEM PERFEITA

"[Deus] disse: —Agora vamos fazer os seres humanos, que serão como nós". GÊNESIS 1:26

TEMA: *Criado à imagem de Deus*
TEXTO BÍBLICO: *Gênesis 1:26-31*

ABRINDO O ENCONTRO

1. Olhe para cada pessoa da família. Se alguém não nos conhecesse, como saberia que somos todos parentes? Dê exemplos.

2. Para que as pessoas vejam que há semelhanças entre nós, não precisamos ser gêmeos. Quais outras características mostram que somos uma família? Por exemplo, a maneira como agimos, coisas engraçadas que pensamos ou coisas que fazemos?

> **DICA PARA ATIVIDADE EXTRA**
> Se desejar, pegue alguns álbuns de fotos de família e folheie-os enquanto você explora as respostas às perguntas 1 e 2. Ou coloque todos os membros da família na frente de um espelho enquanto vocês conversam!

ABRINDO A BÍBLIA

3. Por que os membros da família tendem a ser semelhantes uns aos outros, tanto na aparência como na personalidade?

Todos os membros da família devem ler Gênesis 1:26-31.

4. Quando Deus criou as pessoas, Ele foi além de nos receber em sua família — Ele nos fez "à sua imagem". O que você acha que isso significa?

5. Quando Deus criou o mundo, os animais e as demais coisas, Ele disse que tudo era "bom". Quando criou o ser humano, disse que era "muito bom" (v.31). Por que Ele disse isso?

> **NOS BASTIDORES: GÊNESIS 1:26**
>
> A palavra hebraica traduzida como "imagem" nas Escrituras é *tselem*. Embora "semelhança" seja o significado mais claro de *tselem*, a palavra também carrega a ideia figurativa de sombra ou vulto, como se Deus lançasse Sua sombra sobre nós durante a criação e a deixasse ali.[1] Uma implicação significativa desse conceito encontra-se na natureza de uma sombra em si: para que ela se manifeste, aquele que a representa *deve* estar próximo.
>
> Assim, a imagem constante de Deus *em* nós é também o conforto da proximidade constante de Deus *conosco*.

6. O que as pessoas dizem ou fazem que demonstra a semelhança da família de Deus na vida delas? Dê exemplos.

7. Se você pudesse perguntar a Deus alguma coisa sobre a maneira como Ele criou as pessoas, o que você perguntaria? Por quê?

8. Como você acha que Deus iria responder a essas perguntas?

ABRINDO A VIDA

9. Como você se sente ao saber que Deus o fez de maneira milagrosa para ser semelhante a Ele? Explique.

10. Se você pudesse expressar a Deus um elogio sobre a forma como Ele criou as pessoas, o que você diria? Vamos orar declarando esses elogios agora!

DICA AOS PAIS

Incentive os membros da família a serem específicos na maneira de responder as perguntas do "Abrindo a vida". Também ensine às crianças a esperar um minuto ou dois em silêncio antes de responderem. Isso lhes dará a oportunidade de pensar em suas respostas um pouco antes de terem de falar.

ANOTAÇÕES:

A TORRE ALTÍSSIMA

"Assim, o SENHOR os espalhou pelo mundo inteiro, e eles pararam de construir a cidade". GÊNESIS 11:8

TEMA: *Orgulho*
TEXTO BÍBLICO: *Gênesis 11:1-9*

ABRINDO O ENCONTRO

1. Você pode fazer três pedidos (e nenhum a mais). O que vai pedir?
2. Se um de seus desejos fosse que você tivesse, instantaneamente, a capacidade de falar alguma língua estrangeira, qual língua gostaria que fosse? Por quê?

> **DICA PARA ATIVIDADE EXTRA**
> Se tiver aquele blocos de montar, monte uma torre com sua família durante o tempo de discussão. Isso proporcionará um visual agradável para acompanhar a conversa.

ABRINDO A BÍBLIA

3. Imagine se você acordasse amanhã de manhã e todos ao seu redor falassem uma língua estrangeira. Como você se sentiria? O que faria?

Todos os membros da família devem ler Gênesis 11:1-9.

4. Qual é sua primeira reação ao ouvir essa história?
5. Gênesis 11:4 diz que o povo queria adquirir fama. Por que isso era um problema do ponto de vista de Deus?

> **NOS BASTIDORES: GÊNESIS 11:4**
>
> A torre em Gênesis 11:4 provavelmente era um *zigurate* — um grande templo dedicado a um deus pagão específico. Semelhante em aparência a uma pirâmide egípcia, essa torre teria sido quadrada na parte de baixo. Cada "parede" externa teria sido feita com longas fileiras de escadas que conduziam a um pequeno santuário no topo da torre.[2]
>
> Curiosamente, o povo queria construir essa torre para alcançar fama para si em todo o mundo. Eles conseguiram, mas não no sentido que planejaram. Em vez de serem celebrados e reverenciados por sua realização arquitetônica, foram considerados na história como tolos arrogantes, facilmente humilhados pelo nosso Deus Todo-Poderoso.[3]

6. Nessa passagem, vemos que Deus está interessado no que fazemos, bem como em nosso caráter e em nossa motivação interior. Como isso o faz sentir sobre Deus? Explique.
7. Nos padrões de hoje, construir uma torre não parece ser um grande negócio. Por que você acha que Deus agiria de forma tão extrema em relação à torre de Babel, mas não age da mesma maneira em relação a nós quando construímos torres altas hoje?
8. A Bíblia deixa claro que Deus não se agrada de atitudes orgulhosas e egoístas. O que você pensa sobre isso?

ABRINDO A VIDA

9. Baseado no que você leu em Gênesis 11, qual seria a definição que Deus dá a "sucesso"?

10. Que lições podemos aprender com essa história para nos ajudar a ter a mesma atitude de Deus em relação ao sucesso esta semana?

> **DICA AOS PAIS**
>
> Incentive os membros da família a serem específicos na maneira de responder as perguntas do "Abrindo a vida". Também ensine às crianças a esperar um minuto ou dois em silêncio antes de responderem. Isso lhes dará a oportunidade de pensar em suas respostas um pouco antes de terem de falar.

ANOTAÇÕES:

APRESENTANDO-SE...

"...De fato, o SENHOR Deus está neste lugar, e eu não sabia disso".
GÊNESIS 28:16

TEMA: *Conhecendo Deus*
TEXTO BÍBLICO: *Gênesis 28:10-22*

ABRINDO O ENCONTRO

1. Você é uma pessoa de hábitos diurnos ou noturnos? Por quê?
2. Admita: seja um ursinho de pelúcia ou um travesseiro preferido, todos nós temos algo de que precisamos para nos ajudar a dormir profundamente. O que o ajuda a ter uma boa noite de sono?

> **DICA PARA ATIVIDADE EXTRA**
> Use canetas para tecido para decorar fronhas que os membros da família possam manter como lembretes do que aprenderam na discussão de hoje!

ABRINDO A BÍBLIA

3. Com pedregulhos embaixo de seu saco de dormir ou comprimido dentro do carro ou outra coisa qualquer... qual foi o lugar mais desconfortável em que você já dormiu?

Todos os membros da família devem ler Gênesis 28:10-22.

4. Jacó dormiu sobre uma rocha (ui!) e sonhou com o Céu. O que foi especial nessa visão que o fez levá-la a sério e não a tratar apenas como um sonho estranho?

5. Depois de conhecer Deus nesse sonho, Jacó ficou com muito medo. Como você acha que se sentiria se tivesse que conhecer Deus em seus sonhos esta noite? Descreva.

> **NOS BASTIDORES: GÊNESIS 28:12,19**
>
> A experiência de Jacó em Gênesis 28 é registrada pela primeira vez nas Escrituras, em que Deus usou um sonho para se comunicar com um homem. Antes disso, Deus havia aparecido em pessoa a Isaque, pai de Jacó e a seu avô, Abraão.
>
> Após esse sonho, Jacó renomeou o lugar onde isso ocorrera. Antes era chamado de *Luz*, mas Jacó deu-lhe uma nova honra chamando-o *Betel*, cujo significado é "casa de Deus". Séculos mais tarde, tantas pessoas haviam se afastado de Deus que o profeta Oseias realmente condenou esse lugar com o nome *Bete-Avém*, que significa "casa de ídolos" (Oseias 4:15). Embora não seja mais a mesma cidade, esse lugar é agora o lar da aldeia de Beitin, à margem oeste da Palestina.[4]

6. Jacó marcou sua rocha como um tipo de memorial para celebrar seu encontro com Deus. Por que é importante lembrar quando Deus age em nossa vida?

7. Fale sobre um tempo em que você "encontrou" Deus ou o viu trabalhando em sua vida. O que você lembra a respeito disso?

8. E se Jacó viesse à nossa casa para o jantar? O que você acha que ele poderia nos dizer sobre seu encontro com Deus enquanto dormia?

ABRINDO A VIDA

9. Jacó deu nome ao lugar onde dormiu em honra a Deus. Que nome você daria ao seu quarto que seria honroso para Deus? Explique sua escolha.

10. Como podemos ajudar uns aos outros a ter percepção da presença de Deus em nossa vida todos os dias desta semana?

> **DICA AOS PAIS**
>
> Incentive os membros da família a serem específicos na maneira de responder as perguntas do "Abrindo a vida". Também ensine às crianças a esperar um minuto ou dois em silêncio antes de responderem. Isso lhes dará a oportunidade de pensar em suas respostas um pouco antes de terem de falar.

ANOTAÇÕES:

DEZ REGRAS PARA VENCER

"Deus falou, e foi isto o que ele disse...".
ÊXODO 20:1

TEMA: *Os Dez Mandamentos*
TEXTO BÍBLICO: *Êxodo 20:1-17*

ABRINDO O ENCONTRO

1. Agora é a hora em que descobriremos se você tem nos ouvido todos esses anos! Quais são as regras da nossa família, como você as entende?
2. Se você pudesse criar uma nova regra sob a qual nossa família tivesse que viver, qual seria?

DICA PARA ATIVIDADE EXTRA

Para este devocional, que tal redecorar sua sala de estar (mudar o lugar dos móveis, adicionar cartazes etc.) para se assemelhar a um tribunal? Coloque um longo roupão e você e os membros de sua família podem se revezar para fazer o papel do "juiz" que fará cada pergunta da discussão!

ABRINDO A BÍBLIA

Todos os membros da família devem ler Êxodo 20:1-17.

3. Por que você acha que Deus nos deu essas regras familiares para a vida? Explique.

4. Vamos pensar sobre como isso funciona. Por exemplo, quando você está na escola, o que significa não ter "outros deuses que não o Senhor"? E quando está em casa?

5. Deus nos deu razões para seguirmos alguns destes Dez Mandamentos (veja vv.4-12), mas a respeito de outros mandamentos Ele não nos deu nenhum motivo (vv.13-17). Por que você acha que Ele fez isso?

> **NOS BASTIDORES: ÊXODO 20:1-17**
>
> Os Dez Mandamentos registrados em Êxodo são provavelmente a parte mais conhecida das Escrituras. Os estudiosos chamam esses mandamentos de "Decálogo", enquanto em hebraico eles são conhecidos simplesmente como "As Dez Palavras". Na forma hebraica antiga, esses mandamentos são, na verdade, dez breves declarações de apenas duas palavras cada.[5]
>
> Os Dez Mandamentos se dividem em apenas duas categorias: (1) instruções a respeito de nosso relacionamento com Deus (mandamentos 1–4), e (2) instruções sobre nossa relação com os outros (mandamentos 5–10). Essas categorias refletem exatamente o que Jesus identificou como os dois maiores mandamentos em Mateus 22:37-39: (1) amor ao Senhor e (2) amor ao próximo.[6]

6. Veja o versículo 12. O que realmente significa "honrar seu pai e sua mãe"? Dê exemplos.

7. Como suas amizades seriam afetadas, se todos ignorassem os Dez Mandamentos de Deus? Descreva.

8. Passou muito tempo entre a época de Adão e Eva e a ocasião quando Deus deu ao povo os Dez Mandamentos. Por que você acha que Deus esperou tanto tempo para compartilhar essas leis?

ABRINDO A VIDA

9. Os Dez Mandamentos podem ser vistos apenas como uma lista de regras, mas eles também revelam muito sobre a personalidade de Deus e o que Ele considera importante. O que você percebe a respeito de Deus ao ler Êxodo 20:1-17?

10. Quais serão os benefícios de seguir as "regras da família" de Deus em nossa casa esta semana? Na escola? Em qualquer lugar?

> **DICA AOS PAIS**
>
> Incentive os membros da família a serem específicos na maneira de responder as perguntas do "Abrindo a vida". Também ensine às crianças a esperar um minuto ou dois em silêncio antes de responderem. Isso lhes dará a oportunidade de pensar em suas respostas um pouco antes de terem de falar.

ANOTAÇÕES:

SERMÕES DA JUMENTA

"...pois você não devia estar fazendo esta viagem".
NÚMEROS 22:32

TEMA: *Perspectiva*
TEXTO BÍBLICO: *Números 22:21-35*

ABRINDO O ENCONTRO

1. Diz-se que os animais do mundo estão tomando notas da maneira como nós, seres humanos, vivemos e agimos. Se os animais de estimação de nosso bairro fizessem um relatório sobre nós, o que você acha que eles diriam?
2. Como você reagiria se um animal, de repente, falasse com você? Mostre-nos.

DICA PARA ATIVIDADE EXTRA
Se as circunstâncias forem propícias, considere a possibilidade de fazer este devocional durante uma visita ao zoológico ou outro lugar em que haja animais.

ABRINDO A BÍBLIA

Todos os membros da família devem ler Números 22:21-35.

3. Na perspectiva de Balaão, as esquisitices de sua jumenta haviam-no envergonhado na frente dos importantes príncipes de Moabe. Isso o deixou tão irritado que ele nem mesmo ficou surpreso por uma jumenta estar falando! O que você acha que estava passando pela mente de Balaão naquele momento?

4. Na perspectiva de Deus, Ele estava descontente porque esse profeta estava tentado a trair Israel em troca das riquezas dos príncipes do Moabe. Por que você acha que Balaão desconhecia a perspectiva de Deus?

5. O que nos impede de considerar a perspectiva de Deus em nossa vida diária (na escola, em casa ou quando saímos com amigos)? Explique.

> **NOS BASTIDORES: NÚMEROS 22:21-35**
>
> A definição da palavra profeta é "uma pessoa autorizada a falar em nome de Deus".[7]
>
> Como tal, o profeta Balaão deve ter sentido certo orgulho ao saber que havia sido escolhido por Deus para declarar as bênçãos e maldições do Céu. Essa autossatisfação provavelmente aumentou pelo fato do rei de Moabe estar disposto a pagar altíssimas somas por uma única maldição profética proferida por Balaão.
>
> Imagine como deve ter sido humilhante para Balaão quando Deus usou uma jumenta para repreendê-lo! A implicação deve ter sido clara: No que dizia respeito a Deus, o grande e poderoso Balaão poderia ser substituído por algo tão humilde como um animal de carga. Balaão aparentemente entendeu a mensagem (pelo menos por um tempo curto) e profetizou uma bênção sobre Israel ao invés da maldição pela qual lhe haviam pago para profetizar.

6. Balaão era conhecido como profeta de Deus, alguém que fala em nome de Deus. Como você acha que ele se sentiu quando o Senhor usou uma humilde jumenta para falar-lhe, em vez de falar direto a Balaão?

7. Balaão permitiu que a promessa de riquezas e seu próprio ego elevado o cegassem para a perspectiva de Deus. Que conselho você daria a Balaão e a outros como ele? Seja específico.

8. Para ajudar Balaão a ver os erros que estava cometendo, Deus lhe enviou um anjo e até mesmo fez uma jumenta falar! O que Deus usa hoje para ajudar a corrigir-nos quando estamos nos desviando do que Ele deseja para nós?

ABRINDO A VIDA

9. Se a jumenta de Balaão estivesse aqui agora, que mensagem de Deus você acha que ela falaria a nós? Por quê?

10. O que podemos fazer esta semana para ajudarmos uns aos outros a manter a perspectiva de Deus em mente enquanto vivemos nossa vida? Liste três coisas.

DICA AOS PAIS

Incentive os membros da família a serem específicos na maneira de responder as perguntas do "Abrindo a vida". Também ensine às crianças a esperar um minuto ou dois em silêncio antes de responderem. Isso lhes dará a oportunidade de pensar em suas respostas um pouco antes de terem de falar.

ANOTAÇÕES:

A MURALHA CAIRÁ

"Então os sacerdotes tocaram as cornetas. Logo que o povo ouviu este som, gritou com toda a força, e a muralha caiu...".

JOSUÉ 6:20

TEMA: *Enfrentando desafios*
TEXTO BÍBLICO: *Josué 6:1-25*

ABRINDO O ENCONTRO

1. O que você preferiria: escalar a montanha mais alta, correr muitos quilômetros rapidamente ou nadar no oceano? Por quê?
2. Quais tipos de desafios teria que enfrentar para fazer qualquer uma dessas três coisas?

DICA PARA ATIVIDADE EXTRA

Após este devocional seria bom que tivessem um pouco de diversão em família. Reorganize sua mobília para criar um percurso de obstáculos (seguro). Então se revezem tentando passar por eles de olhos vendados. Certifique-se de gritar como os soldados de Josué quando alguém for vitorioso.

ABRINDO A BÍBLIA

Todos os membros da família devem ler Josué 6:1-25.

3. Quando Jericó foi conquistada, quais desafios os israelitas tiveram que enfrentar? Vamos fazer uma lista.

4. Quando o assunto é viver para Deus em nosso cotidiano, quais desafios nós, às vezes, temos que enfrentar?

5. Parece estranho que os israelitas tenham sido desafiados a manterem-se em silêncio enquanto marcharam ao redor da cidade (v.10). Você acha mais fácil ou mais difícil quando um desafio parece estranho? Explique.

NOS BASTIDORES: JOSUÉ 6:1-25

A atual cidade de Jericó foi escavada por arqueólogos por mais de 100 anos. Como as Escrituras indicam, não sobrou quase nada das paredes que cercavam Jericó, e há evidências de que a cidade foi destruída por um incêndio (Josué 6:24). Apesar disso, algumas pessoas tentam inventar novas explicações de como a cidade foi destruída, recusando-se a acreditar que Deus miraculosamente interveio em nome de Josué e dos israelitas.

Algumas das teorias mais populares (e ocasionalmente tolas) incluem:

a. As trombetas que os israelitas tocaram soaram tão altas que as ondas sonoras fizeram com que os muros de Jericó entrassem em colapso.

b. O som dos passos dos soldados andando pela cidade foi suficiente para causar um choque de terremoto como ondas que derrubaram as muralhas de Jericó.

c. O povo de Jericó estava tão distraído olhando os soldados marchando ao redor da cidade durante toda a semana que não perceberam a presença de outros soldados que se infiltraram e arrancaram a base das paredes da cidade.[8]

6. Imagine que você é um israelita daquele tempo. *Você ouve a ordem de Josué para que todos gritem tão alto quanto puderem. Você se junta ao grupo e então...* O que acontece? Quais são os sons que você ouve e o que você vê?

7. O plano de guerra para tomar Jericó era um pouco maluco, no entanto, Josué tinha total confiança de que Deus lhes traria a vitória. Por quê?

8. Observe o que aconteceu em Jericó e diga: que papel a obediência teve na vitória de Josué?

ABRINDO A VIDA

9. Que papel tem a obediência quando você enfrenta desafios na vida? (Por exemplo, quando você não se sente bem, quando seus amigos são desagradáveis ou quando a igreja parece confusa).

10. De que maneira você gostaria de imitar Josué esta semana? Por quê?

DICA AOS PAIS

Incentive os membros da família a serem específicos na maneira de responder as perguntas do "Abrindo a vida". Também ensine às crianças a esperar um minuto ou dois em silêncio antes de responderem. Isso lhes dará a oportunidade de pensar em suas respostas um pouco antes de terem de falar.

ANOTAÇÕES:

EU E A MINHA CASA

"...eu e a minha família serviremos a Deus, o SENHOR".
JOSUÉ 24:15

TEMA: *Servir a Deus*
TEXTO BÍBLICO: *Josué 24:14-24*

ABRINDO O ENCONTRO

1. Vamos falar sobre escolhas. É sábado de manhã: você fica na cama e dorme até tarde ou levanta cedo e vai executar as tarefas do dia?
2. E agora isto: você deve escolher entre chocolate e caramelo. Pizza ou bife? Ficar sozinho ou com amigos? Igreja ou televisão? Tarefa de casa ou na aula? Agora ou amanhã?

> **DICA PARA ATIVIDADE EXTRA**
> Quando responder à pergunta 2, escolha lados opostos da sala para representar cada opção. Então, faça com que cada filho se mova para o lado adequado para demonstrar suas escolhas. Veja se alguém pode ser convencido a mudar de lado!

ABRINDO A BÍBLIA

Todos os membros da família devem ler Josué 24:14-24.

3. De acordo com Josué, os israelitas tiveram que fazer uma escolha: Servir a Deus ou não servir a Deus. Por que essa era uma decisão difícil para eles?

4. Josué 24:14 instrui as pessoas a "temer ao SENHOR". O que você acha que isso significa?

5. Quando eles se lembraram do que Deus havia feito em suas vidas, isso ajudou o povo a voltar-se para Deus com confiança. Se você estivesse na mesma situação, o que você lembraria sobre Deus para inspirar-lhe confiança?

> **NOS BASTIDORES: JOSUÉ 24:14-24**
>
> Durante o tempo de Josué, os tratados políticos normalmente envolviam um suserano (uma nação poderosa ou rei) e um vassalo (uma nação menos poderosa ou rei). Quando os acordos de paz eram feitos entre essas duas nações, eles normalmente seguiam um rigoroso formato: identificação do suserano, juntamente com suas credenciais e grandeza; um resumo da história das relações entre o suserano e o vassalo; uma lista de obrigações de cada parte; instruções, testemunhas e consequências por violar o tratado. Geralmente o suserano prometia paz e proteção, enquanto o vassalo prometia lealdade. Este tipo de tratado político era muito conhecido por Josué e o povo de Israel. Não é de surpreender que seja o mesmo formato usado em Josué 24:14-24.
>
> Resumindo, Josué 24:14-24 é o registro histórico de um tratado espiritual de paz entre Deus — nosso ilimitado e eterno suserano — e tanto a nação de Israel como seus cidadãos.[9]

6. O que significa servir a Deus "com toda fidelidade"?

7. Josué realmente tratou com seriedade a questão de as pessoas escolherem servir a Deus ou não. É quase como se ele tentasse convencê-los a desistir. Por que você acha que ele fez isso?

8. Quando é difícil servir a Deus, o que o mantém comprometido com Ele?

ABRINDO A VIDA

9. Se dissermos como Josué: "Eu e a minha casa serviremos a Deus, o SENHOR", como as pessoas saberiam disso?
10. Mencione sete maneiras como podemos servir ao Senhor. Vamos tentar praticar uma delas a cada dia desta semana!

DICA AOS PAIS

Incentive os membros da família a serem específicos na maneira de responder as perguntas do "Abrindo a vida". Também ensine às crianças a esperar um minuto ou dois em silêncio antes de responderem. Isso lhes dará a oportunidade de pensar em suas respostas um pouco antes de terem de falar.

ANOTAÇÕES:

8

MUITO FÁCIL PARA DEUS!

"O SENHOR Deus disse a Gideão: Você tem gente demais...".
JUÍZES 7:2

TEMA: *Obediência*
TEXTO BÍBLICO: *Juízes 7:1-22*

ABRINDO O ENCONTRO

1. Se você fosse o apresentador do seu próprio programa de entrevistas, quais celebridades você gostaria de ter como convidados durante sua primeira semana na televisão? Por quê?
2. Que tipo de perguntas você gostaria de fazer a essas pessoas? Como você acha que eles poderiam responder?

DICA PARA ATIVIDADE EXTRA

Se você estiver fazendo isso em sua casa, faça de conta que sua sala de estar é o cenário de um programa de entrevista (como o *Programa do Jô* ou *The Noite*, de Danilo Gentili, por exemplo). Em seguida conduza o devocional como um programa de entrevista, com você fazendo o papel de entrevistador e seus familiares fazendo papel de convidados importantes.

ABRINDO A BÍBLIA

Todos os membros da família devem ler Juízes 7:1-22.

3. Se um membro do exército do Gideão fosse um convidado do seu show, que tipo de perguntas você gostaria de fazer a ele? Como acha que ele responderia?

4. Deve ter sido difícil para Gideão dispensar 32 mil soldados e manter apenas 300 — especialmente sabendo que o exército midianita possuía uma força de combate esmagadora. O que você acha que o ajudou obedecer a Deus, mesmo quando isso poderia ter lhe custado a própria vida?

5. É difícil para você obedecer a Deus? O que o ajuda a fazê-lo de qualquer maneira?

NOS BASTIDORES: JUÍZES 7:5,6

A seleção de soldados com base na maneira como eles bebem água é claramente um método incomum para reunir uma força de combate. Há séculos essa ordem de Deus tem intrigado teólogos (e outros estudiosos). O pensamento convencional é que os 300 homens que "lamberam" a água como cães demonstraram que eram soldados mais atentos, mais qualificados, capazes de vitória na batalha.

Isso, no entanto, é incompatível com o propósito de Deus conforme descrito em Juízes 7:2, a fim de que Israel não possa se orgulhar, "vocês poderiam pensar que venceram sem a minha ajuda".

O historiador bíblico Stephen Miller oferece uma explicação menos glamorosa, porém, mais realista: "Provavelmente não foi um teste para encontrar somente os mais atentos", diz ele, "sendo que isso poderia ter sido visto como reduzir o papel de Deus na batalha. Provavelmente foi uma maneira rápida de cortar drasticamente o tamanho do exército". [10]

6. Deus permitiu que Gideão visse o que estava acontecendo "nos bastidores" do acampamento dos midianitas e isso o estimulou a agir com confiança. O que você acha que nós veríamos se Deus nos deixasse dar uma olhadinha "nos bastidores" de nossa vida e de nossas circunstâncias?

7. O que pode nos ajudar a ter confiança de que Deus está trabalhando em nossa vida, mesmo quando não vemos "os bastidores"? Vamos fazer uma lista.

8. Gideão obedeceu a Deus e obteve uma grande vitória. No entanto, se Deus tivesse permitido que ele fosse derrotado, você acha que isso teria sido por causa de uma falha da parte de Gideão? Por quê?

ABRINDO A VIDA

9. Deus permite tanto a vitória quanto a derrota em nossa vida diária. O que você fará a respeito disso? Explique.

10. Se você orar: "Jesus, faça-me como Gideão cada dia desta semana", como você acha que Deus iria responder? Quer tentar e ver o que acontece?

> **DICA AOS PAIS**
> Incentive os membros da família a serem específicos na maneira de responder as perguntas do "Abrindo a vida". Também ensine às crianças a esperar um minuto ou dois em silêncio antes de responderem. Isso lhes dará a oportunidade de pensar em suas respostas um pouco antes de terem de falar.

ANOTAÇÕES:

AMIGOS FIÉIS

"...Onde a senhora for, eu irei...".
RUTE 1:16

TEMA: *Lealdade*
TEXTO BÍBLICO: *Rute 1:3-18*

ABRINDO O ENCONTRO

1. Adjetivos, adjetivos! Lembra daquelas belas, habilidosas e significativas palavras que descrevem algo ou alguém? Qual deles você usaria para se descrever?
2. Quais adjetivos você usaria para descrever sua família como um todo? Por quê?

> **DICA PARA ATIVIDADE EXTRA**
>
> Para dar um toque especial, você pode pedir que os membros da família façam um *brainstorm*, listando 20 ou mais adjetivos antes de fazer-lhes a pergunta 1.
>
> Então, permita que seus filhos escolham adjetivos fora da lista nas respostas às perguntas 1, 2 e 3.

ABRINDO A BÍBLIA

Todos os membros da família devem ler Rute 1:3-18.

3. Que adjetivos você usaria para descrever Rute?

4. Rute poderia ter permanecido em Moabe com sua família e amigos. Não deve ter sido fácil deixar tudo e todos que ela conhecia. Por que ela foi para Belém com Noemi?

5. Além de suas palavras, quais ações mostram a lealdade de Rute por Noemi?

> **NOS BASTIDORES: RUTE 1:3-5**
>
> A morte do marido de Noemi e também do marido de Rute tinha mais do que um significado emocional na sociedade de dominação masculina em que elas viviam. Naquela época, viúvas como Rute e Noemi corriam o risco genuíno de fome ou abuso. De acordo com historiadores bíblicos, "as viúvas no Antigo Oriente perdiam todo status social e geralmente também perdiam o status político e econômico. Elas equivaliam aos sem-teto em nossa sociedade".[11]
>
> Certamente, foi preciso muita coragem por parte de Rute para acompanhar sua sogra "sem-teto" — no entanto, foi exatamente isso o que ela fez. E, surpreendentemente, nós fomos beneficiados com essa decisão: Rute acabou se tornando uma ancestral de José, pai de Jesus Cristo.

6. E se Noemi viesse à nossa casa para tomar sorvete hoje à noite? O que ela nos diria sobre sua amizade com Rute?

7. Você gostaria que Rute fosse sua amiga? Por quê?

8. Se Rute fosse sua amiga e viesse tomar sorvete, o que ela diria sobre você?

ABRINDO A VIDA

9. Rute é um grande exemplo de amiga leal, mas Deus é ainda mais leal do que Rute. Como você viu ou experimentou o amor leal de Deus no mês passado?

10. O que podemos aprender do exemplo de Rute para nos ajudar a sermos pessoas leais, amorosas umas com as outras? E em relação às pessoas fora da nossa família?

> **DICA AOS PAIS**
>
> Incentive os membros da família a serem específicos na maneira de responder as perguntas do "Abrindo a vida". Também ensine às crianças a esperar um minuto ou dois em silêncio antes de responderem. Isso lhes dará a oportunidade de pensar em suas respostas um pouco antes de terem de falar.

ANOTAÇÕES:

10

VISÃO DE DENTRO PARA FORA

"...mas eu vejo o coração".
1 SAMUEL 16:7

TEMA: *Caráter / Beleza interior*
TEXTO BÍBLICO: *1 Samuel 16:4-13*

ABRINDO O ENCONTRO

1. Olhos, dentes, cabelos, roupas? Qual é a primeira coisa que você observa quando conhece uma pessoa?
2. Se você pudesse mudar algo em si mesmo, o que mudaria? Por quê.

> **DICA PARA ATIVIDADE EXTRA**
>
> Antes de iniciar este devocional, use seu celular ou câmera digital para tirar uma foto rápida de cada membro da família. Deixe que cada pessoa veja sua própria foto quando estiver respondendo a pergunta 2.

ABRINDO A BÍBLIA

3. O que você diria que é o melhor da pessoa que está ao seu lado?

Todos os membros da família devem ler 1 Samuel 16:4-13.

4. Samuel olhou para Eliabe e, com base em sua aparência, supôs que ele seria a melhor pessoa para ser rei. O que você acha que Samuel viu em Eliabe?

5. Eliabe e seus irmãos não eram pessoas más, mas Deus ainda assim os rejeitou para a função de rei. Isso foi justo? Justifique sua resposta.

> **NOS BASTIDORES: 1 SAMUEL 16:7**
>
> Quando 1 Samuel 16:7 nos diz que "o SENHOR vê o coração", realmente não significa que Deus nos julga com base no órgão que bombeia o sangue em nosso peito. Mas o que isso significa exatamente?
>
> No contexto das Escrituras, a palavra "coração" engloba todas as coisas importantes, intangíveis que fazem de nós o que realmente somos. O coração é o núcleo da personalidade, dos valores e dos pensamentos de uma pessoa. Como tal, ele inclui as prioridades morais e espirituais dessa pessoa, assim como suas emoções, desejos, motivações interiores e pensamentos.[12]

6. Primeiramente 1 Samuel 16:7 revela que "o Senhor vê o coração". Por que isso é importante?

7. E se todos pudessem "ver o coração"? Você acha que isso poderia mudar qualquer um de seus relacionamentos ou a maneira como você e seus amigos tratam as outras pessoas?

8. Se tivéssemos conhecido Samuel logo após sua experiência com Davi, o que você acha que ele teria nos dito a respeito de Deus?

ABRINDO A VIDA

9. Quando Deus olha em seu coração, o que você acha que Ele está procurando?

10. O que você fará esta semana para que Deus encontre o que Ele está procurando?

> **DICA AOS PAIS**
>
> Incentive os membros da família a serem específicos na maneira de responder as perguntas do "Abrindo a vida". Também ensine às crianças a esperar um minuto ou dois em silêncio antes de responderem. Isso lhes dará a oportunidade de pensar em suas respostas um pouco antes de terem de falar.

ANOTAÇÕES:

QUE ENOOOOORME!!!

"...Ele é vitorioso na batalha...".
1 SAMUEL 17:47

TEMA: *Coragem*
TEXTO BÍBLICO: *1 Samuel 17:20-50*

ABRINDO O ENCONTRO

1. Muitas coisas assustam as pessoas, como trovões, aranhas, altura, uma nova escola, ou até mesmo borboletas. Do que você tem mais medo? Por quê?
2. Quando você vê um valentão assustador, o que você faz?

> **DICA PARA ATIVIDADE EXTRA**
> No final desse tempo de discussão, entregue a os todos cartões 3x5 e marcadores coloridos. Peça que todos escrevam em seus cartões "A batalha pertence ao Senhor! — 1 Samuel 17:47" e personalizem com desenhos. Incentive os membros da família a manterem seus cartões durante toda a semana como constante lembrete de olharem para Deus buscando coragem.

ABRINDO A BÍBLIA

Todos os membros da família devem ler 1 Samuel 17:20-50.

3. Golias definitivamente era um valentão de meter medo. E os irmãos de Davi também zombaram um pouco deste. De que forma Deus deu coragem a Davi para enfrentar essas pessoas?

4. Como Davi, os guerreiros israelitas seguiam a Deus — mas eles estavam com medo de enfrentar Golias, enquanto Davi não. Por que Davi era diferente?

5. Sem usar as palavras valente, corajoso, destemido, descreva a coragem de Davi?

> **NOS BASTIDORES: 1 SAMUEL 17:20-50**
>
> Golias era um grandalhão — tanto que ele se tornou a definição oficial de um gigante na história. Mas o que isso significa em termos atuais? Considere isto:
>
> • Com sua armadura Golias provavelmente passava de três metros de altura — o que significa que o topo de sua cabeça provavelmente encostaria em um aro de uma cesta de basquete.
>
> • A ponta da sua lança pesava cerca de 9 kg — mais ou menos o peso do pneu de um carro.
>
> • Sua couraça pesava cerca de 70 kg — o mesmo que um adolescente de porte médio pesa.[13]

6. Davi agiu com grande coragem quando enfrentou Golias. Você acha que ele estava com medo e mesmo assim lutou ou acha que ele não estava com medo? Justifique sua resposta.

7. Quando sentimos medo, como é que Deus nos dá coragem? Como você acha que é isso?

8. Agir com coragem nem sempre garante a vitória. Como uma pessoa pode demonstrar coragem na derrota?

ABRINDO A VIDA

9. Quando você viu alguém em sua família agir com coragem? Como você se sentiu? Descreva.

10. Se Davi estivesse aqui agora, que conselho sobre coragem ele daria para nos ajudar durante a próxima semana?

> **DICA AOS PAIS**
>
> Incentive os membros da família a serem específicos na maneira de responder as perguntas do "Abrindo a vida". Também ensine às crianças a esperar um minuto ou dois em silêncio antes de responderem. Isso lhes dará a oportunidade de pensar em suas respostas um pouco antes de terem de falar.

ANOTAÇÕES:

12

ABUNDANTES MIGALHAS DE PÃO

"...Eu mandei que uma viúva que mora ali dê comida para você".
1 REIS 17:9

TEMA: *Fidelidade de Deus / Ações de Graça*
TEXTO BÍBLICO: *1 Reis 17:7-16*

ABRINDO O ENCONTRO

1. Quando eu contar até três, prendam a respiração tanto quanto puderem. Pronto? Um, dois, três! Enquanto você não está respirando, pense nisto: Se Deus parasse de fornecer oxigênio para nós todos os dias? O que faríamos?

2. Dependemos de Deus todos os dias para várias coisas, como receber oxigênio e manter o Sol em nosso céu — ainda que muitas vezes nem percebamos Sua constante fidelidade em relação a nós. Quais outras coisas Deus pode fazer que parece que não valorizamos?

ABRINDO A BÍBLIA

Todos os membros da família devem ler 1 Reis 17:7-16.

3. Quais são suas primeiras impressões sobre Elias e a viúva nessa história? Explique.

4. Como Deus mostrou Sua fidelidade a Elias? Como Deus mostrou Sua fidelidade à viúva?

5. Deus poderia facilmente transformar os suprimentos da viúva em um grande banquete sem Elias estar ali, e poderia ter facilmente fornecido muita comida para Elias sem a ajuda da viúva. Por que Ele não fez nenhuma dessas coisas?

> **NOS BASTIDORES: 1 REIS 17:9,12**
>
> É interessante descobrir que a viúva de Sarepta: (a) não era uma israelita (ela era na verdade fenícia) e (b) não era alguém que seguia o Deus dos hebreus. Alguns comentaristas sugerem ainda que ela era "pagã" — isto é, alguém que havia rejeitado inteiramente o Deus de Elias até aquele momento (1 Reis 17:12).[14]
>
> Apesar disso, Deus escolheu a ambos e usou-a para realizar Seu propósito. "Eu mandei que uma viúva que mora ali dê comida para você", o Senhor disse a Elias (1 Reis 17:9). Essa viúva parecia não ter ideia de que Deus a estava guiando; no entanto, ela, de qualquer maneira, obedeceu — e Deus recompensou sua fé com provisão para cada dia. Isso parece ser mais uma prova de que o nosso Deus pode usar qualquer um — mesmo aqueles que o negam — para cumprir Suas promessas e realizar Seu propósito em nossa vida.

6. Você acha que Deus é obrigado a tornar sua vida fácil? Justifique sua resposta.

7. A viúva parecia não saber que Deus a havia escolhido. Você acha que Deus já o usou sem que você soubesse? Explique como isso pode acontecer.

8. Como você sabe quando Deus quer usá-lo para mostrar Sua fidelidade a outros? Como você costuma agir nessas ocasiões?

ABRINDO A VIDA

9. Se você pudesse acordar amanhã e ver tudo que Deus fará por você o dia todo, como você acha que isso impactaria sua maneira de viver esse dia?
10. Quais são as três atitudes que podemos tomar esta semana para nos ajudar a sermos mais gratos pela fidelidade de Deus para conosco todos os dias?

DICA PARA ATIVIDADE EXTRA

No final deste devocional coloque à disposição vários tipos de materiais para que cada membro da família faça um cartão personalizado de agradecimento para oferecer a Deus. Pendure os cartões na geladeira por uma semana como um lembrete da fidelidade constante de Cristo para com sua família.

DICA AOS PAIS

Incentive os membros da família a serem específicos na maneira de responder as perguntas do "Abrindo a vida". Também ensine às crianças a esperar um minuto ou dois em silêncio antes de responderem. Isso lhes dará a oportunidade de pensar em suas respostas um pouco antes de terem de falar.

ANOTAÇÕES:

13

O SENHOR É...

> "...não terei medo de nada.
> Pois tu, ó SENHOR Deus, estás comigo...".
>
> SALMO 23:4

TEMA: *A presença de Deus*
TEXTO BÍBLICO: *Salmo 23*

ABRINDO O ENCONTRO

1. Imagine que você pudesse criar o lugar mais seguro e mais tranquilo na Terra. Como seria esse lugar? Descreva.
2. Fale sobre alguma ocasião em que você se sentiu completamente cuidado e amado. Como isso ficou registrado em sua memória?

> **DICA PARA ATIVIDADE EXTRA**
>
> Se os seus filhos são do tipo que gostam de escrever com criatividade, eles podem se divertir fazendo esse exercício de redação "personalizada". Dê a todos papel e lápis e desafie-os a reescreverem cada versículo do Salmo 23, como se fosse uma carta do rei Davi para cada criança.

ABRINDO A BÍBLIA

Todos os membros da família devem ler o Salmo 23.

3. De acordo com o Salmo 23, estar perto de Deus fazia com que o rei Davi (o autor) se sentisse seguro e amado. Por que você acha que ele se sentia assim?

4. Deus é o nosso pastor que nos mantém seguros e cuidados, mas como isso acontece exatamente? Explique da melhor maneira possível.

5. Sabemos que o rei Davi frequentemente enfrentava muitas adversidades e que tinha muitos inimigos que poderiam feri-lo. Desse modo, como ele poderia afirmar o que afirmou no Salmo 23? Será que ele estava apenas fingindo? Justifique sua resposta.

> **NOS BASTIDORES: SALMO 23:1**
>
> Nas Escrituras há poucas imagens de Deus mais sugestivas do que esta descrita no Salmo 23:1: "O SENHOR é o meu pastor". Esse conjunto de palavras está repleto de intimidade e autoridade para nós, as ovelhas figurativas de Deus. "A imagem bíblica [de Deus como nosso pastor] salienta o cuidado e a compaixão do divino pastor, e a dependência do povo de Deus para a satisfação de todas as suas necessidades", dizem os estudiosos da Bíblia.
>
> Como tal, o Salmo 23 e outras passagens bíblicas usam essa imagem de pastor para mostrar Deus como nosso guia seguro, nosso protetor, Salvador, Aquele que nos busca e sustém. Além disso, nosso Bom Pastor é apresentado como aquele que possui terno amor para com as mais fracas de suas ovelhas, carregando-nos e cuidando de nós quando estamos feridos ou perdidos, como figura central em torno de quem nossa vida se move, e — talvez o mais importante — como Guia abnegado, disposto ao autossacrifício e a morrer por nós.[15]

6. Que tipo de dificuldade experimentamos hoje? (Por exemplo, em casa, na escola ou praticando esportes.)

7. Como o saber que Deus está perto nos ajuda quando estamos nos sentindo desanimados ou infelizes por causa de nossas adversidades?

8. Davi disse que Deus nos guia por "caminhos certos". Como você explicaria isso ao seu melhor amigo?

ABRINDO A VIDA

9. Se você tivesse que resumir todo o Salmo 23 em apenas uma frase, o que você diria?

10. O que você fará para se lembrar dessa frase o restante da semana?

> **DICA AOS PAIS**
>
> Incentive os membros da família a serem específicos na maneira de responder as perguntas do "Abrindo a vida". Também ensine às crianças a esperar um minuto ou dois em silêncio antes de responderem. Isso lhes dará a oportunidade de pensar em suas respostas um pouco antes de terem de falar.

ANOTAÇÕES:

14

QUANTO MAIS SONORO, MELHOR!

"Todos os seres vivos, louvem ao SENHOR! Aleluia!".
SALMO 150:6

TEMA: *Adoração*
TEXTO BÍBLICO: *Salmo 150*

ABRINDO O ENCONTRO

1. Se você não pudesse usar palavras para adorar a Deus, o que você faria? Mostre.
2. O que você acha que significa louvar ao Senhor? Vamos criar uma nova definição para o dicionário?

DICA PARA ATIVIDADE EXTRA

Após este devocional, leve seus filhos a uma loja de instrumentos musicais. Deixe as crianças passearem um pouco pela loja e, então, peça-lhes para demonstrar (cuidadosamente) como elas podem usar instrumentos atuais para seguirem as instruções do Salmo 150.

ABRINDO A BÍBLIA

Todos os membros da família dever ler o Salmo 150.

3. Para o salmista, o que significa louvar ao Senhor? Explique como se estivesse falando com alguém que nunca ouviu falar sobre Deus antes.

4. A experiência de adoração descrita no Salmo 150 parece ser extremamente barulhenta — na verdade soa mais como uma festa do que um culto de igreja. O que você pensa sobre isso?

5. Quem recebe mais quando adoramos: Deus ou nós? Justifique sua resposta.

> **NOS BASTIDORES: SALMO 150:1,2,6**
>
> A frase traduzida como "louvem ao Senhor" no Salmo 150:1 e 6 é, na verdade, uma única palavra em Hebraico: *halleluyah*, que nós traduzimos hoje como "Aleluia". Ela deriva de uma combinação da palavra *halal* ("louvor") e *Yah* ("Deus").
>
> O que é importante é que o salmista não está simplesmente sugerindo ou até mesmo recomendando fortemente que tudo que respira deve *halleluyah*. A construção gramatical aqui está no imperativo, emitida como uma ordem. Por quê? Porque as "coisas maravilhosas que tem feito" e "sua imensa grandeza" (v.2) exigem devidamente uma resposta alegre e zelosa de Seu povo! Fazer menos do que isso simplesmente não seria o bastante.[16]

6. O Salmo 150:2 nos diz para adorar a Deus por Sua grandeza. Em sua opinião, o que faz Deus tão grande? Inclua exemplos de sua própria vida.

7. De acordo com o Salmo 150, a música pode desempenhar uma parte importante na adoração. Por que você acha que isso é verdade?

8. A música também pode levar pessoas afastadas de Deus a adorarem ao Senhor. Por que isso acontece?

ABRINDO A VIDA

9. O salmista nunca indica que a adoração deve ser apenas no domingo. Como podemos adorar a Deus em uma segunda-feira na escola? Ou num sábado? Vamos discutir ideias para cada dia da semana.
10. Qual dessas ideias você vai praticar esta semana?

> **DICA AOS PAIS**
>
> Incentive os membros da família a serem específicos na maneira de responder as perguntas do "Abrindo a vida". Também ensine às crianças a esperar um minuto ou dois em silêncio antes de responderem. Isso lhes dará a oportunidade de pensar em suas respostas um pouco antes de terem de falar.

ANOTAÇÕES:

15

PALAVRAS SÁBIAS

"Não fique pensando que você é sábio...".
PROVÉRBIOS 3:7

TEMA: *Sabedoria*
TEXTO BÍBLICO: *Provérbios 3:3-8*

ABRINDO O ENCONTRO

1. A *Casa Publicadora Maravilhosa* ligou para nós! Eles querem que escrevamos um livro com o título *Conselhos Incríveis para as Famílias*. Quais palavras sábias iremos incluir em nosso livro?
2. Como você pode dizer se algo é ou não um bom conselho? Vamos fazer uma lista de qualificações para nos ajudar a reconhecer bons conselhos.

> **DICA PARA ATIVIDADE EXTRA**
> Se você tiver tempo e interesse, estimule sua família a escrever um livreto *Conselhos Incríveis para Famílias*. Reúna as ideias de todos num arquivo eletrônico. Imprima tudo e coloque uma capa. Deixe que as crianças decorem a capa com seus próprios motivos e dê a cada membro de sua família uma cópia.

ABRINDO A BÍBLIA

Todos os membros da família devem ler Provérbios 3:3-8.

3. Qual de nossas qualificações para um bom conselho você vê exibido na sabedoria de Provérbios 3? Explique.

4. O que você acha que significa "gravar" o amor e a fidelidade para você? Como é que pessoas como eu e você fazemos isso?

5. O que você acha quando encontra alguém que confia no Senhor de todo o coração? Se puder, dê exemplos de pessoas que você conhece.

> **NOS BASTIDORES: PROVÉRBIOS 3:3**
>
> O encorajamento de Provérbios 3:3 para que nós mantenhamos gravados "o amor e a fidelidade" ao redor do pescoço pode ter sido inspirado pelo uso comum dos filactérios no antigo Israel. Filactério é uma pequena caixa de couro contendo faixas com as principais citações das Escrituras. O povo judeu geralmente as amarrava junto ao braço ou à testa, como um lembrete da Lei de Deus e de Seu amor.[17]
>
> Apesar dessa inspiração física e literal, o contexto desta passagem indica uma representação mais figurativa da verdade: da mesma forma que um belo colar torna mais atraente a pessoa que o usa, um estilo de vida adornado pelo amor e pela fidelidade concede beleza especial e eterna a uma pessoa.

6. Se você fosse desenhar uma figura de alguém que é "sábio aos seus próprios olhos", como você o desenharia? Por quê?

7. Como é que uma pessoa evita ser "sábia aos seus próprios olhos"? Dê ideias.

8. Se você tivesse que resumir Provérbios 3:3-8, em uma frase ou em um conselho sábio que pudesse compartilhar com seus amigos, qual seria? Pare um pouco para pensar sobre isso.

ABRINDO A VIDA

9. Cite algo que você descobriu de Provérbios 3:3–8 e de nossa discussão hoje que você gostaria de lembrar daqui a um ano?

10. Esta semana, como podemos ajudar uns aos outros a lembrar dos conselhos incríveis de Deus em Provérbios 3:3-8?

DICA AOS PAIS

Incentive os membros da família a serem específicos na maneira de responder as perguntas do "Abrindo a vida". Também ensine às crianças a esperar um minuto ou dois em silêncio antes de responderem. Isso lhes dará a oportunidade de pensar em suas respostas um pouco antes de terem de falar.

ANOTAÇÕES:

16

A AUTORIDADE DOS PAIS

"Filho, faça o que o seu pai diz...".
PROVÉRBIOS 6:20

TEMA: *Pais / Dia das Mães ou dos Pais*
TEXTO BÍBLICO: *Provérbios 6:20-23*

ABRINDO O ENCONTRO

1. O que aconteceria se todos os pais do mundo fossem de férias para Marte por um mês e deixassem os filhos para se defenderem sozinhos? Você gostaria ou não? Explique por quê.
2. Por que você acha que Deus lhe deu pais? Explique.

> **DICA PARA ATIVIDADE EXTRA**
>
> Este devocional seria ideal para a noite anterior ao Dia das Mães ou Dia dos Pais. Use-o como uma celebração da família na expectativa do dia comemorativo que virá. Por exemplo, vocês podem comemorar com um bolo ou pipoca, jogos ou assistir um filme — algo que seja divertido para todos — e passar um tempo juntos.

ABRINDO A BÍBLIA

Todos os membros da família devem ler Provérbios 6:20-23.

3. O que você vê como responsabilidade dos pais nesses versículos? E como responsabilidade do filho?

4. Por que você acha que a Bíblia descreve a liderança dos pais como uma forma de lâmpada e luz (veja Provérbios 6:23)? O que isso quer dizer, realmente?

5. O que acontece quando um dos pais ou um filho não vive de acordo com Provérbios 6:20-23 em casa? Como isso afeta o relacionamento entre eles? E sua vida fora de casa?

> **NOS BASTIDORES: PROVÉRBIOS 6:20-23**
>
> Durante a época medieval, os monges mais velhos precisavam de uma maneira para ensinar seus alunos mais jovens ("novatos") a escrever. Eles criaram um plano perspicaz: pediam que os noviços de um mosteiro copiassem, várias e várias vezes, o livro de Provérbios. Desta forma, os alunos aprendiam habilidades de escrita útil e, ao mesmo tempo, interiorizavam sábios ensinamentos como esses encontrados em Provérbios 6:20-23.[18]

6. O que você acha que torna difícil para os pais viver consistentemente Provérbios 6:20-23 todos os dias? O que torna mais fácil?

7. Quando você sente que é difícil ouvir seus pais e obedecer às suas orientações e disciplina? Quando é fácil? Por quê?

8. Como Deus nos ajuda a construir relacionamentos saudáveis como os descritos nesses versículos? Dê exemplos.

ABRINDO A VIDA

9. Ninguém é perfeito — nem pais, nem filhos. Todos nós cometemos erros que, algumas vezes, ferem uns aos outros. Qual é a melhor reação quando isso acontecer em nossa família?

10. O que podemos fazer para ajudar uns aos outros a vivenciar melhor o ensino de Provérbios 6:20-23 cada dia desta semana? Vamos discutir ideias.

DICA AOS PAIS

Incentive os membros da família a serem específicos na maneira de responder as perguntas do "Abrindo a vida". Também ensine às crianças a esperar um minuto ou dois em silêncio antes de responderem. Isso lhes dará a oportunidade de pensar em suas respostas um pouco antes de terem de falar.

ANOTAÇÕES:

17

NO RELÓGIO DE DEUS

"Tudo neste mundo tem o seu tempo...".
ECLESIASTES 3:1

TEMA: *O tempo de Deus*
TEXTO BÍBLICO: *Eclesiastes 3:1-13*

ABRINDO O ENCONTRO

1. Fomos desafiados a entrar no concurso do Maior Relógio do Mundo! Tudo que precisamos fazer agora é projetar o maior relógio do mundo. Quais tipos de elementos devemos incluir?
2. Como seria se ninguém no mundo tivesse um cronômetro ou relógio para manter o controle de tempo?

> **DICA PARA ATIVIDADE EXTRA**
> Pegue uma caixa de giz e encontre um espaço vazio para desenhar. Decore o espaço vazio com uma fila de relógios estilosos criada pelos membros de sua família. Certifique-se de desenhar uma etiqueta com o preço para cada relógio (um deles deve custar R$ 1 milhão).

ABRINDO A BÍBLIA

Todos os membros da família devem ler Eclesiastes 3:1-13.

3. O que essa passagem nos diz sobre como Deus mede o tempo?

4. Se você fosse desenhar um relógio baseado em Eclesiastes 3:1-13, que tipo de características ele teria?

5. Esses versículos indicam que Deus permite que tanto coisas boas quanto coisas ruins aconteçam em nossa vida. Por que Deus faz isso?

> **NOS BASTIDORES: ECLESIASTES**
>
> Há uma pergunta sobre quem realmente escreveu Eclesiastes. O autor do livro é Koheleth (traduzido como "professor" ou "pregador" em Eclesiastes 1:1, 1:12 e posteriormente em todo o livro). No entanto, o autor também escreve a partir do ponto de vista do rei Salomão, filho de Davi. Para outros, isso indica (juntamente com outras pistas) que Salomão foi o autor real e que ele usou Koheleth como um tipo de pseudônimo.[19]
>
> Independentemente de quem foi o verdadeiro autor, Eclesiastes usa a vida e as experiências do rei Salomão como pano de fundo para comunicar a mensagem de que a verdadeira alegria na vida é uma dádiva generosa apenas de Deus (veja Eclesiastes 2:24,25; 3:13). Um comentarista indica: "Uma das palavras mais usadas em Eclesiastes para descrever o relacionamento de Deus com os indivíduos é o verbo 'dar'. Ele aparece 11 vezes com Deus como sujeito".[20]

6. Como você se sente ao saber que Deus criou um tempo para todas as coisas — boas e más — em sua própria vida? Tente usar cores para descrever seus sentimentos. Por exemplo, "Azul, porque às vezes, sinto-me preocupado com isso" ou "vermelho, porque isso é emocionante".

7. Eclesiastes afirma: "Deus marcou o tempo certo para cada coisa" (3:11). O que isso significa? Explique como se você estivesse falando com um extraterrestre visitando a Terra pela primeira vez.

8. Se você pudesse fazer uma pergunta para Deus sobre Eclesiastes 3:1-13, o que você perguntaria? Como você acha que Ele responderia?

ABRINDO A VIDA

9. Quando coisas ruins acontecem, muitas vezes é tentador pensar que Deus não está prestando atenção. Como Eclesiastes 3:1-13 pode nos ajudar quando nos sentimos assim?

10. Eclesiastes 3:8 nos diz que Deus fez "tempo de amar". Com Jesus podemos experimentar esse "tempo" todos os dias. Como podemos compartilhar essa verdade com outros, esta semana?

DICA AOS PAIS

Incentive os membros da família a serem específicos na maneira de responder as perguntas do "Abrindo a vida". Também ensine às crianças a esperar um minuto ou dois em silêncio antes de responderem. Isso lhes dará a oportunidade de pensar em suas respostas um pouco antes de terem de falar.

ANOTAÇÕES:

18
OSSOS SECOS

"...Dizem que [os ossos] estão secos, sem esperança e sem futuro".
EZEQUIEL 37:11

TEMA: *Esperança*
TEXTO BÍBLICO: *Ezequiel 37:1-14*

ABRINDO O ENCONTRO

1. Qual é a coisa mais incomum que você já viu? Descreva.
2. Deus geralmente trabalha de maneiras incomuns. Você se lembra de uma ocasião dessas em sua vida? Conte-nos sobre isso.

> **DICA PARA ATIVIDADE EXTRA**
>
> Pegue uma câmera digital ou de seu celular e faça uma caminhada com toda sua família pela vizinhança. Peça aos membros da família que apontem qualquer coisa incomum que veem enquanto vocês caminham e tire uma foto rápida. Mais tarde, vejam as fotos em um computador e votem para decidir qual foi a coisa mais incomum de todas.

ABRINDO A BÍBLIA

Todos os membros da família devem ler Ezequiel 37:1-14.

3. Se Ezequiel estivesse aqui hoje, ele provavelmente diria que a coisa mais incomum que já viu foi Deus trazer vida a um exército inteiro diante de seus olhos! O que você acha que Ezequiel sentiu quando viu isso acontecer? O que você sentiria?

4. Naquele momento Ezequiel estava muito triste porque seu país havia sido dominado, seu povo dispersado e escravizado por seus inimigos. Quando você se sente triste, o que faz?

5. Foi fácil para Deus levantar um exército de ossos mortos e secos. Como você se sente ao saber que Ele tem esse tipo de poder?

NOS BASTIDORES: EZEQUIEL 37:1-14

O profeta Ezequiel viveu durante o mesmo tempo que Daniel e Jeremias. Ele é chamado de "filho de pregador" — isto é, ele cresceu em uma família de sacerdotes que viviam em Judá. Quando tinha a idade de 25 anos (em 597 a.C.), o rei Nabucodonosor conquistou Jerusalém e suas tropas levaram Ezequiel e sua esposa para o cativeiro. Eles foram forçados a residir perto de Babilônia em uma cidade chamada Tel-Abib. Cinco anos mais tarde, Ezequiel começou a falar como profeta de Deus. Primeiro ele falou principalmente sobre o julgamento de Deus vindo sobre a nação de Judá. Depois que isso aconteceu, suas profecias mudaram e se tornaram mensagens de esperança e restauração para o povo de Deus.[21]

O livro de Ezequiel é conhecido por suas imagens simbólicas e únicas e a "apresentação dos acontecimentos futuros, políticos e espirituais de uma forma 'oculta'; ou seja, de uma forma que não era imediatamente clara em sua interpretação". Além disso, estudiosos há muito têm questionado se os acontecimentos descritos em Ezequiel são, de fato, literais (fatos reais) ou figurativos (eventos simbólicos ou visionários, mas não reais). Como tal, a experiência do "vale dos ossos secos" de Ezequiel 37 pode ter realmente acontecido ou, como muitos acreditam, pode ter sido uma visão simbólica que só Ezequiel teve.[22]

6. Termine esta frase: "Saber que Deus é o Todo-Poderoso e que Ele me ama, me faz sentir…".

7. Assim como Deus permitiu que Ezequiel experimentasse tempos difíceis, às vezes Ele permite que coisas ruins aconteçam em nossa vida. Sendo que Deus é tão poderoso, por que Ele não torna nossa vida fácil e livre de problemas?

8. Após essa visão, as circunstâncias de Ezequiel não mudaram — mas ele havia mudado. Como você acha que Ezequiel se sentia depois que viu Deus levantar esse exército de ossos?

ABRINDO A VIDA

9. Se Ezequiel estivesse aqui agora, o que acha que ele gostaria de nos contar?

10. Como Deus pode nos ajudar a esperar nele quando nos sentirmos tristes esta semana?

> **DICA AOS PAIS**
>
> Incentive os membros da família a serem específicos na maneira de responder as perguntas do "Abrindo a vida". Também ensine às crianças a esperar um minuto ou dois em silêncio antes de responderem. Isso lhes dará a oportunidade de pensar em suas respostas um pouco antes de terem de falar.

ANOTAÇÕES:

19
O RISCO DE DEUS

"*Daniel resolveu que não iria ficar impuro por comer a comida e beber o vinho que o rei dava...*".

DANIEL 1:8

TEMA: *Pureza / Obediência*
TEXTO BÍBLICO: *Daniel 1:1-20*

ABRINDO O ENCONTRO

1. Qual é o significado do seu nome? Em que aspecto o significado se encaixa em você?
2. E se você pudesse mudar oficialmente de nome? Que nome escolheria?

DICA PARA ATIVIDADE EXTRA

Quando responderem as perguntas 1 e 2, reúna todos ao redor de um computador e visite um site como, por exemplo, www.alobebe.com.br ou brasil.babycenter.com.

Isso vai ajudá-los a acrescentar algumas opções interessantes de nomes.

ABRINDO A BÍBLIA

Todos os membros da família devem ler Daniel 1:1-20.

3. Quando Daniel foi levado como escravo, seus senhores mudaram seu nome para Beltessazar — um nome que honrava um deus pagão. Como as atitudes de Daniel mostraram seu compromisso com o único Deus verdadeiro, apesar de seu novo nome?

4. Foi difícil permanecer obediente a Deus e não ser punido por seus novos senhores, mas Daniel conseguiu fazer isso. Como você acha que ele fez isso? (Vamos encenar como se estivéssemos lá!)

5. Daniel decidiu de antemão o que era importante. Ele sabia o que faria ou não como servo de Deus. Por que isso foi tão importante?

> **NOS BASTIDORES: DANIEL 1:6,7**
>
> O nome babilônico dado a Daniel foi "Beltessazar", que, na verdade, era uma versão abreviada de uma oração pedindo a proteção do deus pagão Bel. Além disso, quando falado, o deus Marduk muitas vezes era anexado ao início do nome, como em Marduk-Belteshazzar.[23]
>
> É interessante notar que, mesmo que os captores de Daniel tenham tentado marcá-lo com o nome de um deus falso, a verdade venceu. No final das contas, apesar das demandas de seu nome babilônico, Daniel ficou conhecido por incontáveis gerações como um fiel seguidor do único Deus verdadeiro, enquanto Bel e Marduk foram amplamente esquecidos.

6. Você acha que fez diferença o fato de Daniel e seus amigos agirem juntos em obediência a Deus? Justifique sua resposta.

7. Como nossos amigos nos ajudam a ser obedientes a Deus hoje? Como eles, às vezes, podem nos levar a sermos desobedientes?

8. Deus honrou Daniel e seus amigos por sua obediência e determinação de permanecerem puros. De que forma Deus honra as pessoas que agem da mesma forma hoje?

ABRINDO A VIDA

9. O que podemos aprender com o exemplo de Daniel para ajudar-nos a ser obedientes seguidores de Deus hoje, não importa o que aconteça?

10. O que você gostaria de dizer a Deus sobre nossa reflexão hoje? Vamos falar com Ele agora.

> **DICA AOS PAIS**
>
> Incentive os membros da família a serem específicos na maneira de responder as perguntas do "Abrindo a vida". Também ensine às crianças a esperar um minuto ou dois em silêncio antes de responderem. Isso lhes dará a oportunidade de pensar em suas respostas um pouco antes de terem de falar.

ANOTAÇÕES:

20

MORTE ANTES DA DESONRA

"...não prestaremos culto ao seu deus, nem adoraremos a estátua de ouro que o senhor mandou fazer".

DANIEL 3:18

TEMA: *Fé arriscada*
TEXTO BÍBLICO: *Daniel 3:1-28*

ABRINDO O ENCONTRO

1. Deslizamentos de terra, ciclones tropicais ou ressacas do mar: se você já experimentou qualquer um deles, qual você escolheria?
2. Quando desastres como esses acontecem, a verdadeira natureza das pessoas se mostra claramente na maneira como elas reagem. Cite alguns exemplos de como isso funciona.

DICA PARA ATIVIDADE EXTRA

Se os seus filhos são do tipo que gostam de arte dramática, será divertido encenar essa história em sua sala de estar. Escolha uma pessoa para ser o narrador (para que leia os versículos) e atribua papéis para o restante da família, para que possam interpretar os eventos enquanto o narrador os lê.

ABRINDO A BÍBLIA

Todos os membros da família devem ler Daniel 3:1-28.

3. A calamidade atingiu Sadraque, Mesaque e Abede-Nego quando o rei Nabucodonosor exigiu que eles adorassem sua estátua. Como sua reação nessa situação revela sua verdadeira natureza?
4. O que essa situação revelou sobre o rei Nabucodonosor?
5. Esses três homens sabiam que Deus poderia salvá-los, mas não havia garantia de que Deus iria fazê-lo (veja Daniel 3:17,18). Por que eles estavam dispostos a se arriscar?

> **NOS BASTIDORES: DANIEL 3:1**
> A "imagem de ouro" que o rei Nabucodonosor havia construído deve ter sido impressionante. Pelos padrões dos edifícios atuais ela equivalia a nove andares de altura! Mesmo com quase três metros de largura, era muito estreita para tão alta estrutura. Somando a isso a cobertura de ouro e as características humanas (representando os deuses da Babilônia), teria sido difícil para qualquer um ignorá-la.[24]

6. Quais riscos você enfrenta para servir a Deus de coração hoje?
7. O que acontece quando não estamos dispostos a correr riscos para seguir o Senhor?
8. Imagine que Sadraque, Mesaque e Abede-Nego virão fazer uma conferência em nossa igreja. O que eles diriam sobre os riscos que podemos correr por causa da nossa fé?

ABRINDO A VIDA

9. Como podemos saber quando devemos correr riscos para Deus e quando isso não é realmente necessário? Vamos fazer uma lista de diretrizes.

10. Se você tivesse a coragem de correr riscos para defender sua fé todos os dias desta semana, como isso poderia mudar as coisas?

> **DICA AOS PAIS**
>
> Incentive os membros da família a serem específicos na maneira de responder as perguntas do "Abrindo a vida". Também ensine às crianças a esperar um minuto ou dois em silêncio antes de responderem. Isso lhes dará a oportunidade de pensar em suas respostas um pouco antes de terem de falar.

ANOTAÇÕES:

21

PARE. RECOMECE.

"Deus viu o que eles fizeram e como abandonaram os seus maus caminhos. Então mudou de ideia e não castigou a cidade como tinha dito que faria". JONAS 3:10

TEMA: *Transformação de coração / Arrependimento / Ano Novo*
TEXTO BÍBLICO: *Jonas 3:1-10*

ABRINDO O ENCONTRO

1. Nossa família ganhou uma viagem com todas as despesas pagas para qualquer lugar na Terra! Que lugar iremos escolher?
2. Agora, como chegaremos ao nosso destino? Podemos escolher esses meios de transporte para a viagem: balão de ar quente, submarino, trem, helicóptero ou minivan.

> **DICA PARA ATIVIDADE EXTRA**
>
> Pegue um mapa do Iraque ou procure um na internet. Encontre a moderna cidade de Moçul e mostre para seus filhos. Se possível, inclua fotos do povo e de seu estilo de vida. Diga aos membros de sua família onde a cidade de Nínive era originalmente localizada, embora esteja enterrada sob Moçul. Use o mapa e suas ilustrações como pano de fundo para o tempo de discussão sobre Jonas 3.

ABRINDO A BÍBLIA

Todos os membros da família devem ler Jonas 3:1-10.

3. Jonas não teve escolha se iria ou não pregar a mensagem de Deus em Nínive, mas o povo de Nínive teve oportunidade de escolher como reagiriam. O que o impressiona na reação dos moradores de Nínive?

4. O rei ordenou que até mesmo os animais se cobrissem com pano de saco, um tipo de roupa que as pessoas usavam para funerais. O que isso quer dizer?

5. O que você acha que significou para os ninivitas "abandonar seus maus caminhos"? Quais escolhas estavam envolvidas?

> **NOS BASTIDORES: JONAS 3:1-10**
>
> Na época de Jonas, Nínive era uma cidade próspera no Império Assírio, localizada na junção entre os rios Tigre e Khosr. Arqueólogos escavaram Nínive em tempos modernos e descobriram restos de uma sociedade avançada que mostrava "praças públicas, parques, jardins botânicos e até mesmo um jardim zoológico". Atualmente o sítio da antiga Nínive está sob a moderna cidade de Moçul, no Iraque.[25]
>
> Quando Jonas pregou sua mensagem de condenação aos antigos ninivitas, eles imediatamente se arrependeram. Naquela época, o jejum e o uso de panos de saco como vestimenta eram "manifestações de luto" que indicava sua imensa tristeza pela vinda do julgamento de Deus.[26] Deus honrou suas ações e poupou sua cidade.
>
> Séculos mais tarde Jesus indicou o povo de Nínive como um exemplo brilhante da forma adequada de responder à Palavra de Deus (veja Mateus 12:41).

6. O que significa para as pessoas como você e eu "abandonar nossos maus caminhos"?

7. Imagine que somos repórteres do jornal diário de Nínive. Fomos encarregados de escrever um artigo intitulado "Transformação de corações transforma uma cidade inteira!". O que diremos nesse artigo?

8. O povo de Nínive sofreu uma mudança radical, desviando-se do egoísmo e voltando-se para Deus. O que você acha que aconteceria se a mesma coisa ocorresse aqui em nossa casa ou na sua escola?

9. O rei de Nínive conduziu seu povo de volta para Deus. Quem são os líderes em nossa vida que podem nos ajudar a voltar para Deus quando precisarmos? Como eles podem nos ajudar?

ABRINDO A VIDA

10. Qualquer pessoa pode cair e, às vezes, nós nos afastamos de Deus. O que podemos fazer quando percebemos que precisamos de uma mudança de coração para poder voltar para Deus?

11. De que forma podemos encorajar nossos amigos e família a buscar a Deus esta semana? Vamos discutir ideias!

DICA AOS PAIS

Incentive os membros da família a serem específicos na maneira de responder as perguntas do "Abrindo a vida". Também ensine às crianças a esperar um minuto ou dois em silêncio antes de responderem. Isso lhes dará a oportunidade de pensar em suas respostas um pouco antes de terem de falar.

ANOTAÇÕES:

22

O QUE DEUS DESEJA DE MIM?

"O SENHOR já nos mostrou o que é bom..."
MIQUEIAS 6:8

TEMA: *Fidelidade*
TEXTO BÍBLICO: *Miqueias 6:6-8*

ABRINDO O ENCONTRO

1. O Comitê de Regras nos convocou! Ele quer que elaboremos três regras essenciais que uma pessoa deve seguir para *realmente* ter um bom dia. O que devemos dizer a eles?

2. Quais tipos de regras implícitas seguimos num dia normal? Quanto elas se assemelham ou diferem de nossas três regras essenciais para um bom dia?

> **DICA PARA ATIVIDADE EXTRA**
> Que tal escrever uma nova canção utilizando o texto de Miqueias 6:6-8 como letra? Convide toda a família para criar a música e para cantá-la!

ABRINDO A BÍBLIA

3. Se o Comitê de Regras convocar o Senhor à procura de ideias sobre as três regras para um ótimo dia, o que você acha que Ele diria? Por quê?

4. De que maneira podemos seguir as regras de Deus para ter um bom dia? E uma vida boa?

Todos os membros da família devem ler Miqueias 6:6-8.

5. O que esses versículos estão nos dizendo?

> **NOS BASTIDORES: MIQUEIAS 6:8**
>
> Na época em que Miqueias escreveu esse livro, muitos israelitas viam o ritual do sacrifício de animais como uma espécie de "liberdade para fazer o que quiser". Era comum, por exemplo, uma pessoa rica explorar, abusar ou roubar de uma família pobre. Em vez de reparar esse crime — prometendo não cometer esse tipo de pecado no futuro — o agressor simplesmente oferecia, no Templo, um sacrifício pelo pecado e supunha que o assunto estivesse resolvido, não se importando com o julgamento de Deus sobre o assunto.[27]
>
> Por meio de Miqueias, porém, Deus deixou claro que o correto relacionamento com os outros (praticar a justiça, amar a misericórdia) e com Deus (caminhar humildemente) é o que realmente importa na vida. Sem isso, tudo se reduz a rituais vazios e insignificantes.

6. No momento em que esse livro foi escrito, as pessoas tentavam impressionar Deus com todos os tipos de sacrifícios de animais e holocaustos. O que as pessoas fazem hoje para tentar impressionar Deus? Por que Ele não fica impressionado?

7. O que você acha que significa agir com justiça? Amar a misericórdia? Andar humildemente com Deus?

8. Todas as três regras essenciais de Deus, de acordo com Miqueias 6:8, são sobre como devemos nos relacionar com Ele e com os outros. Por que você acha que isso é tão importante para Deus?

ABRINDO A VIDA

9. Se alguém lhe pedisse para escrever uma canção sobre o que Miqueias 6:6-8 significa, usando sua própria composição, o que você diria? (Se você for corajoso, vá em frente e cante sua resposta!)

10. E se não usarmos palavras para explicar essa passagem das Escrituras? Como nossas ações e atitudes poderão demonstrar, durante esta semana, as três regras essenciais de Deus às pessoas no trabalho? Dê exemplos.

DICA AOS PAIS

Incentive os membros da família a serem específicos na maneira de responder as perguntas do "Abrindo a vida". Também ensine às crianças a esperar um minuto ou dois em silêncio antes de responderem. Isso lhes dará a oportunidade de pensar em suas respostas um pouco antes de terem de falar.

ANOTAÇÕES:

23

SOCORRO!

"O SENHOR Deus é bom...".
NAUM 1:7

TEMA: *Cuidado protetor de Deus*
TEXTO BÍBLICO: *Naum 1:7*

ABRINDO O ENCONTRO

1. Se você fosse desenhar uma nova roupa de super-herói, quais armas secretas você incluiria nela?
2. Como você usaria esse supertraje? Descrever as situações e o que você faria.

> **DICA PARA ATIVIDADE EXTRA**
>
> Durante a semana após este devocional, envie um lembrete no lanche ou na mochila de seu filho (a) todos os dias para fazê-lo lembrar de Naum 1:7. Você pode escrever o versículo em suas próprias palavras, desenhar uma imagem ilustrativa que diga respeito à discussão ou apenas enviar um incentivo "Lembre-se de Naum 1:7 hoje!".

ABRINDO A BÍBLIA

Todos os membros da família devem ler Naum 1:7.

3. De acordo com esse versículo, Deus é como uma arma secreta em nossa vida. Como você acha que isso funciona?

4. Naum 1:7 nos diz que o Senhor é bom, mas se Deus é bom, por que às vezes acontecem coisas ruins conosco? Explique.

5. Se coisas ruins acontecem, significa que Deus não está mantendo a promessa feita em Naum 1:7? Justifique sua resposta.

> **NOS BASTIDORES: NAUM 1:7**
>
> Quando Jonas pregou o arrependimento de Nínive (capital do Império Assírio), o povo voltou-se para Deus e foi poupado. Cerca de 100 anos mais tarde, os assírios, mais uma vez, se afastaram de Deus. Então o profeta Naum anunciou que o julgamento de Deus era iminente sobre o Império Assírio e sobre Nínive. Essa devastação militar ocorreu em 612 a.C. Uma destruição tão completa que a cidade nunca mais foi reconstruída. Ela foi eventualmente coberta, literalmente, pelas areias do tempo.[28]
>
> Em meio a essa violenta revolta, milhares de israelitas viviam em Nínive sob a mão opressora dos captores assírios. Naum falou sobre esperança diretamente a essas pessoas, prometendo que Deus seria seu refúgio (Naum 1:7). A palavra hebraica traduzida por *refúgio* aqui (ou *fortaleza* em algumas versões) refere-se a um lugar bastante fortificado. Sugere a imagem de uma fortaleza feita de rochas intransponíveis.[29] Em outras palavras, até mesmo na pior das hipóteses, a proteção de Deus para Seus seguidores é segura e confiável — independentemente do que acontecer.

6. Naum escreveu essa mensagem para as pessoas que viviam sob a ameaça de guerra. Quando ele prometeu que Deus seria o seu refúgio, o que você acha que isso significou para eles?

7. O que você acha que significa Deus ser o nosso refúgio hoje? Explique.

8. Naum 1:7 afirma que Deus cuida daqueles que confiam nele. Como sabemos que isso é verdade?

ABRINDO A VIDA

9. Os cuidados protetores de Deus sobre nós sempre farão parte de nossa vida — mas nem sempre isso é o que esperamos. Como Naum 1:7 pode nos ajudar a confiar em Deus mesmo quando nossa vida está diferente do que esperávamos?

10. O que precisamos fazer esta semana para lembrarmos uns aos outros que Deus é bom, que Ele é nosso refúgio e que Ele cuida de nós? Vamos discutir ideias.

> **DICA AOS PAIS**
>
> Incentive os membros da família a serem específicos na maneira de responder as perguntas do "Abrindo a vida". Também ensine às crianças a esperar um minuto ou dois em silêncio antes de responderem. Isso lhes dará a oportunidade de pensar em suas respostas um pouco antes de terem de falar.

ANOTAÇÕES:

24

DEUS, O SENHOR ESTÁ AÍ?

"Ó SENHOR Deus, até quando clamarei pedindo ajuda...?".
HABACUQUE 1:2

TEMA: *Oração não respondida*
TEXTO BÍBLICO: *Habacuque 1:2-5*

ABRINDO O ENCONTRO

1. "Mãe? Mãe? Mãe? Mãe?". Como você se sente quando não há resposta?
2. E se Deus deixasse de ouvir as nossas orações? O que faríamos?

> **DICA PARA ATIVIDADE EXTRA**
> Convide cada membro da família a falar sobre uma ocasião em que tiveram certeza absoluta de que Deus respondeu uma de suas orações. Em seguida, escreva essas histórias numa carta para cada um. Feche cada envelope e sobre ele escreva: "Quando Deus parecer silencioso abra isto!". Entregue-lhes as cartas e mantenham-nas ao alcance para uso futuro.

ABRINDO A BÍBLIA

Todos os membros da família devem ler Habacuque 1:2-5.

3. Releia esses versículos e tente colocar-se no lugar de Habacuque. O que pessoas como Habacuque sentiam quando Deus não lhes respondia?

4. Sabemos que Deus realmente está nos ouvindo em todos os momentos. Então, por que Deus permite que passemos por momentos em que sentimos que Ele não está ouvindo?

5. O fato de Deus não responder nossas orações imediatamente ou da forma como esperávamos que respondesse significa algo para você?

> **NOS BASTIDORES: HABACUQUE**
>
> O livro de Habacuque foi escrito entre 610 e 605 a.C. O brutal Império Assírio governou Judá por meio de um rei fantoche, Jeoaquim. Pelos padrões de hoje, o rei Jeoaquim pode ser comparado a um déspota como o Saddam Hussein, do Iraque ou Muammar Gadhafi, da Líbia. Sob seu governo, pessoas assassinaram seus filhos como sacrifícios a divindades pagãs, e profetas do Deus verdadeiro eram oprimidos, presos e até mesmo mortos.
>
> Foi dentro desse cenário catastrófico que surgiu Habacuque. Ao contrário de seus contemporâneos, Ezequiel e Jeremias, as profecias de Habacuque se constituíam principalmente de queixas a Deus — questionando em voz alta por que Ele permitia que o mal florescesse em nosso mundo. Isso torna o livro de Habacuque exclusivo. Como disse um comentarista: "A maioria dos profetas fala ao povo em nome de Deus. Habacuque... fala a Deus em nome do povo".[30]

6. O fato de Deus permanecer em silêncio significa que Ele não liga para nós? Explique.

7. O que é mais provável: Deus não está nos ouvindo ou nós não estamos ouvindo a Deus? Justifique sua resposta.

8. Quando Deus parece silencioso, como podemos continuar a confiar nele? Vamos pensar e fazer uma lista de sugestões.

ABRINDO A VIDA

9. No final, Deus promete que ficaremos "admirados e assustados" com o que Ele fará. De que forma Deus tem sido surpreendente em nossa vida até agora?
10. O que você gostaria de dizer a Deus agora? Vamos orar para encerrar nosso devocional.

> **DICA AOS PAIS**
>
> Incentive os membros da família a serem específicos na maneira de responder as perguntas do "Abrindo a vida". Também ensine às crianças a esperar um minuto ou dois em silêncio antes de responderem. Isso lhes dará a oportunidade de pensar em suas respostas um pouco antes de terem de falar.

ANOTAÇÕES:

25

SEJA FORTE — DEUS É MAIS FORTE

"...tenham coragem [...], estou com vocês".
AGEU 2:4

TEMA: *Desânimo*
TEXTO BÍBLICO: *Ageu 2:1-9*

ABRINDO O ENCONTRO

1. Quando alguém com quem você se importa se sente desencorajado, o que você diz a essa pessoa? Por quê?

2. Durante o tempo em que o profeta Ageu viveu, o Templo de Deus havia sido destruído e transformado em ruínas por exércitos invasores. O povo de Israel estava desanimado e sem esperança. Se você estivesse lá, o que você teria dito para incentivá-los?

> **DICA PARA ATIVIDADE EXTRA**
>
> Peça que seus filhos criem alguns cartões de "encorajamento" que possam resumir ou ilustrar as mensagens de Ageu 2:1-9. Mantenha-os à mão para compartilhar com amigos ou membros da família que estejam passando por momentos de desânimo.

ABRINDO A BÍBLIA

Todos os membros da família devem ler Ageu 2:1-9.

3. Como Deus tentou encorajar o povo de Israel por meio de Ageu?

4. O versículo 4 diz para aqueles que seguem a Deus serem fortes porque Deus está conosco. Por que isso é um incentivo para nós?

5. Em Ageu 2:5 Deus diz a Seu povo para não ter medo. Por que você acha que Ele disse isso?

> **NOS BASTIDORES: AGEU**
>
> O profeta Ageu é um homem muito misterioso. O teólogo Clyde Francisco relata: "Ageu aparece de repente em 520 a.C. e desaparece também repentinamente. Nada se sabe sobre sua vida antes ou depois de sua pregação". Francisco sugere que Ageu era um homem idoso quando entregou sua profecia — o que é um fato importante porque significa que ele já existia, e viu o Templo de Deus, em Jerusalém, antes que o mesmo fosse destruído por exércitos invasores.
>
> No tempo da profecia, a glória do Templo já não significava mais nada, a não ser uma memória remota. Os judeus tinham sido banidos para o cativeiro, primeiro pelos exércitos assírios e, em seguida, pelas forças da Babilônia.
>
> Quando finalmente retornaram para Jerusalém, foram recepcionados por ruínas, pobreza, indiferença religiosa e uma vizinhança hostil. Seria preciso muita coragem para reconstruir o Templo de Deus neste ambiente de completa derrota — então Deus enviou Ageu para dar a seu povo o encorajamento sobrenatural para que pudessem vencer.[31]

6. Deus prometeu reconstruir o Templo como sinal de Sua glória e Sua presença com Seu povo. Hoje cada um de nós é um templo pessoal de Deus. Como vemos Sua glória e presença em nossa vida?

7. O versículo 8 declara que Deus provê plenamente tudo o que é necessário, até mesmo para construir um enorme Templo. Como você se sente diante dessa afirmação? Explique.

8. Se Ageu estivesse ao seu lado da última vez que você se sentiu desanimado, o que você acha que ele lhe teria dito? Como isso faria diferença?

ABRINDO A VIDA

9. Todo mundo se sente desanimado vez ou outra, mas ninguém tem que permanecer sozinho quando se sentir assim. Como podemos tirar vantagem do fato de que Deus está conosco quando nos sentirmos desanimados?

10. O que você gostaria de dizer a Deus sobre Ageu 2:1-9? Vamos dizer-lhe isso agora.

> **DICA AOS PAIS**
>
> Incentive os membros da família a serem específicos na maneira de responder as perguntas do "Abrindo a vida". Também ensine às crianças a esperar um minuto ou dois em silêncio antes de responderem. Isso lhes dará a oportunidade de pensar em suas respostas um pouco antes de terem de falar.

ANOTAÇÕES:

26

EXERCENDO BONDADE

"...tratem uns aos outros com bondade e compaixão".
ZACARIAS 7:9

TEMA: *Bondade / Dia Mundial da Bondade*
TEXTO BÍBLICO: *Zacarias 7:8-12*

ABRINDO O ENCONTRO

1. É o momento da premiação da Bondade e Compaixão — e somos todos vencedores! Como parte de nossa cerimônia de premiação, responda esta pergunta: De que maneira a pessoa à sua direita foi gentil com você no passado? Fale sobre isso.
2. Como você se sente quando alguém age gentilmente com você? Explique.

> **DICA PARA ATIVIDADE EXTRA**
>
> Embora não seja oficial, o Dia Mundial da Bondade cai no dia 13 de novembro. Essa data tem o objetivo de incentivar o serviço voluntário para ajudar centros de idosos e instalações de cuidados a pessoas com deficiência. Se fizerem este devocional perto dessa data, pensem em uma maneira de ajudar entrando no espírito dessa data comemorativa!

ABRINDO A BÍBLIA

Todos os membros da família devem ler Zacarias 7:8-12.

3. Por que você acha que Deus se importa se somos bons ou não uns com os outros?

4. O que acontece com nossos relacionamentos quando as pessoas são amáveis e compassivas umas com as outras?

5. O que acontece em nossa casa quando os membros da família são cruéis uns com os outros?

> **NOS BASTIDORES: ZACARIAS 7:8,9**
>
> O profeta Zacarias nasceu no cativeiro Babilônico. Ele foi um dos exilados judeus que voltou para Jerusalém em 538 a.C. Como jovem contemporâneo de Ageu, Zacarias trabalhou com ele para realizar a reconstrução do Templo de Deus. Zacarias é ainda mais conhecido por suas profecias sobre a vinda do Messias. Por exemplo, foi Zacarias que, notavelmente e com precisão, previu que o Messias entraria em Jerusalém montando num jumentinho (veja Zacarias 9:9 e Mateus 21:1-5).[32]
>
> Embora Zacarias 7:8,9 não seja considerada uma profecia messiânica, seu fervoroso apelo para um estilo de vida de compaixão também é uma linda descrição de Jesus. Quando Cristo andou nesta Terra, essas palavras proféticas foram exibidas em Jesus como uma realidade viva! E em Cristo temos o exemplo supremo de compaixão para todos nós vermos, admirarmos e imitarmos.

6. De que forma você acha que Jesus praticou as instruções de Zacarias 7:8,9? Conte uma história sobre Ele que ilustre esse fato.

7. Se, no futuro, as pessoas contarem histórias sobre como você praticou o que está escrito em Zacarias 7:8,9, que tipo de histórias você gostaria que elas contassem?

8. Como Jesus nos ajuda a ser bondosos e compassivos uns com os outros todos os dias?

ABRINDO A VIDA

9. Se Jesus visitasse nossa casa nesta semana, o que poderíamos fazer para sermos bondosos e compassivos com Ele?

10. O que poderia acontecer se nós praticássemos essas boas ações uns para com os outros esta semana? Vamos descobrir!

> **DICA AOS PAIS**
>
> Incentive os membros da família a serem específicos na maneira de responder as perguntas do "Abrindo a vida". Também ensine às crianças a esperar um minuto ou dois em silêncio antes de responderem. Isso lhes dará a oportunidade de pensar em suas respostas um pouco antes de terem de falar.

Parte 2

DIRETRIZES PARA DISCUSSÃO SOBRE O NOVO TESTAMENTO

27

VIEMOS DE BEM LONGE PARA PRESENTEÁ-LO...

"...Nós vimos a estrela dele no Oriente e viemos adorá-lo".
MATEUS 2:2

TEMA: *Nascimento de Jesus / Natal*
TEXTO BÍBLICO: *Mateus 2:1-12*

ABRINDO O ENCONTRO

1. E se você pudesse voltar no tempo e visitar — por 60 segundos apenas — os sábios que deram presentes ao menino Jesus? Você gostaria de visitá-los antes ou depois de eles conhecerem Jesus? Por quê?
2. Que conselho você daria àqueles homens sábios quando você os conhecesse? Explique.

> **DICA PARA ATIVIDADE EXTRA**
>
> Se seus filhos apreciam fazer compras e se realmente for época de Natal, leve todos para um shopping nas proximidades para fazer este devocional. Comprem alguns petiscos e sentem-se em uma mesa na praça de alimentação, cercada pelas decorações e músicas de Natal. Enquanto participam deste devocional, essa atmosfera da época natalina irá adicionar uma perspectiva única para a discussão.

ABRINDO A BÍBLIA

3. A história dos sábios aconteceu há mais de 2 mil anos, mas ela continua a fazer parte das celebrações do Natal. O que você acha que as pessoas mais gostam nessa história?

Todos os membros da família devem ler Mateus 2:1-12.

4. Qual é sua impressão a respeito dos sábios ou magos depois de ler Mateus 2:1-12? Que palavras você usaria para descrevê-los?

> **NOS BASTIDORES: MATEUS 2:2**
>
> A identidade da estrela que conduziu os sábios até o bebê Jesus tem sido um assunto de muita curiosidade por milhares de anos.
>
> Os antigos sábios provavelmente consideravam-na como um "fravashi" celestial — ou seja, o anjo ou a contraparte da astronomia do Messias. Outros observaram que Júpiter e Saturno uniram-se em estreita colaboração na época do nascimento de Cristo, e têm especulado que esses planetas, juntos, apareceram como uma única estrela brilhante.
>
> Além disso, os astrônomos acreditam que o cometa Halley sobrevoou o Oriente Médio por um tempo simultâneo ao do nascimento de Jesus — e calculam que talvez ele tenha sido descrito como essa "estrela" do registro histórico.[1]
>
> Independentemente do que tenha sido ou como ela tenha aparecido no céu do Oriente, o fato decisivo é que os sábios da antiguidade viram algo que se assemelhava a uma brilhante e incomum estrela — e ela os conduziu diretamente a Jesus.

5. Por que você acha que os sábios pensaram que era necessário dar presentes ao menino Jesus?

6. Os sábios disseram que viajaram até Belém para "adorar" o bebê. Como eles fizeram isso quando o viram? E os presentes oferecidos entram em que parte da adoração?

7. Esses sábios entraram em uma terra estrangeira, sendo vigiados pelo odioso e assassino rei Herodes. Por que eles estavam dispostos a correr o risco de enfrentar a ira de Herodes por adorar o menino Jesus, oferecendo-lhe presentes caros?

8. Os reis sábios não faziam ideia que seriam lembrados por milhares de anos simplesmente porque haviam oferecido presentes a um bebê. Você acha que eles teriam feito qualquer coisa diferente se tivessem conhecimento desse fato? Explique.

ABRINDO A VIDA

9. Se você pudesse ser lembrado por dar um presente especial a Jesus, que presente daria? Por quê?

10. O que você pode fazer a cada dia desta semana que equivaleria a dar um presente especial para Jesus? Vamos discutir ideias!

> **DICA AOS PAIS**
>
> Incentive os membros da família a serem específicos na maneira de responder as perguntas do "Abrindo a vida". Também ensine às crianças a esperar um minuto ou dois em silêncio antes de responderem. Isso lhes dará a oportunidade de pensar em suas respostas um pouco antes de terem de falar.

ANOTAÇÕES:

28
SUBMERGINDO

"De repente, uma grande tempestade agitou o lago...".
MATEUS 8:24

TEMA: *Medo*
TEXTO BÍBLICO: *Mateus 8:23-27*

ABRINDO O ENCONTRO

1. O que seria mais assustador encontrar em nossa cidade: (1) um polvo gigante que possa comer uma casa, (2) um prato gigante de espinafre que as crianças tenham que passar por ele para chegar à escola, ou (3) um lenhador gigante que coma tanto o espinafre como as casas? Justifique sua resposta.
2. Qual deles você acha mais assustador: (1) o relâmpago, (2) o trovão, ou (3) uma chuva torrencial? Explique sua resposta.

> **DICA PARA ATIVIDADE EXTRA**
> Pegue as almofadas do seu sofá ou das cadeiras da sala de estar e espalhe-as pelo chão. Diga a seus filhos que cada almofada é um barco e que sua sala de estar é o oceano. Então "flutuem" em seus barcos enquanto discutem a história de hoje: Jesus acalmando a tempestade.

ABRINDO A BÍBLIA

Todos os membros da família devem ler Mateus 8:23-27.

3. Do que vocês acham que os discípulos estavam com mais medo quando a tempestade atingiu seu barco? Imagine que você estava lá e compartilhe suas ideias.

4. Essa tempestade aparentemente foi muito perigosa e os discípulos temeram por suas vidas. Como Jesus podia dormir em tais circunstâncias?

5. Jesus nunca tinha acalmado uma tempestade antes, no entanto, os discípulos imediatamente pediram-lhe ajuda quando estavam com medo. O que impede de nos voltarmos imediatamente para Jesus quando nos sentimos amedrontados?

NOS BASTIDORES: MATEUS 8:23-27

É tentador olhar os discípulos de Jesus como um pouco covardes, à luz de sua reação de pânico diante de uma pequena tempestade num lago... até percebermos que a vida deles (e a vida de Jesus dormindo) estava realmente em grande perigo. O mar da Galileia (também chamado de Lago de Genesaré) está a quase 200 metros abaixo do nível do mar em um desfiladeiro que corre de norte a sul. Os redemoinhos de ventos frios que varrem essa bacia muitas vezes são responsáveis por criar condições mortais para as águas do mar.[2] A "terrível tempestade" descrita em Mateus 8:24 foi tão grave que a tradução literal do termo grego, na verdade, poderia ser traduzida como "grande terremoto", indicando uma perturbação com as proporções de um tsunami.[3]

Nesse contexto, parece absurdo arguir com um homem dormindo que Ele venha salvá-lo — e isso conta como crédito para os discípulos. Quando se julgaram incapazes de se salvar, eles clamaram pela ajuda de Cristo, reconhecendo, desse modo, o que muitos ainda se recusam a reconhecer: Jesus é, de fato, o Deus Todo-poderoso.

6. Você acha que Jesus se preocupa quando estamos com medo? Por quê? Justifique sua resposta.

7. Como a fé em Jesus nos ajuda a superar o medo?

8. Jesus facilmente acalmou a tempestade para os discípulos, mas nem sempre Ele resolve nossos problemas tão rapidamente. Por que você acha que, às vezes, Ele nos permite enfrentar desconfortáveis "tempestades" na vida?

ABRINDO A VIDA

9. Jesus tem poder sobre tudo, inclusive sobre grandes tempestades. Por que é importante sabermos disso?

10. Fale sobre algo que você descobriu hoje e que vale a pena compartilhar com um amigo. Com quem você vai compartilhar?

DICA AOS PAIS

Incentive os membros da família a serem específicos na maneira de responder as perguntas do "Abrindo a vida". Também ensine às crianças a esperar um minuto ou dois em silêncio antes de responderem. Isso lhes dará a oportunidade de pensar em suas respostas um pouco antes de terem de falar.

ANOTAÇÕES:

29

QUEM É JESUS, AFINAL?

"...O Senhor é o Messias, o Filho do Deus vivo".
MATEUS 16:16

TEMA: *Jesus Cristo*
TEXTO BÍBLICO: *Mateus 16:13-17*

ABRINDO A BÍBLIA

1. Imagine que você foi entrevistado no programa de televisão *Notícias da Noite em Marte* e o apresentador alienígena dissesse: "Acabamos de saber que alguém chamado Jesus Cristo viveu em seu planeta. Quem é Ele?". O que você diria?

2. Você acha importante que as pessoas tenham uma opinião formada a respeito de quem Jesus é? Por quê? Justifique sua resposta.

DICA PARA ATIVIDADE EXTRA

Se seus filhos apreciam arte dramática, vocês podem se divertir respondendo à pergunta 1 como uma dramatização. Não se esqueça de mandar bem no "sotaque marciano" quando você imitar o apresentador alienígena!

ABRINDO A BÍBLIA

Todos os membros da família devem ler Mateus 16:13-17.

3. Por que você acha que Jesus perguntou a Seus discípulos quem as pessoas achavam que Ele era?

4. Se Jesus fizesse essa mesma pergunta hoje em sua escola, o que você acha que as pessoas diriam sobre Ele?

5. As pessoas têm diferentes opiniões a respeito de Jesus. Como podemos saber qual delas está correta?

> **NOS BASTIDORES: MATEUS 16:16**
>
> A palavra traduzida como "Cristo" no Novo Testamento é *christos*, que, que por sua vez, é a tradução grega da palavra hebraica *meshiah* — da qual obtemos a palavra "Messias". Seu significado literal é "ungido" e no contexto da história judaica está associado com a "missão divina para um ministério real e sacerdotal ou profético". Com o tempo, esse significado passou a se referir especificamente ao ungido de Deus que iria libertar Israel e conduzi-lo a um reino de paz. Na época de Jesus, os judeus viam a vinda do Messias como uma encarnação do próprio Deus.[4]
>
> A declaração de Simão Pedro de que Jesus era "o Messias" significava mais do que simplesmente adicionar um título cortês e descritivo ao seu Mestre. Era uma declaração de crença na divindade e na suficiência eterna de Jesus. Pedro estava dizendo, em termos bem diretos, que o homem Jesus também era Deus. Na sociedade judaica, fortemente monoteísta, isso era uma blasfêmia — punida com a morte (Marcos 14:61-64).

6. Pedro disse que Jesus é o Cristo e o Filho de Deus. O que você acha que isso significa?

7. E se Jesus não fosse o Filho de Deus? Isso faria diferença para você? Explique.

8. Em Mateus 16:17, Jesus diz que Pedro é "feliz" por saber quem Ele realmente é. De que forma também somos felizes por saber quem Jesus é?

ABRINDO A VIDA

9. Mateus 16:17 também sugere que nem todos descobrirão a verdade sobre quem é Jesus. Por que você acha que Deus permitiu que você soubesse?

10. Do que você deseja lembrar-se do devocional de hoje durante a próxima semana? Qual o benefício de se lembrar disso?

DICA AOS PAIS

Incentive os membros da família a serem específicos na maneira de responder as perguntas do "Abrindo a vida". Também ensine às crianças a esperar um minuto ou dois em silêncio antes de responderem. Isso lhes dará a oportunidade de pensar em suas respostas um pouco antes de terem de falar.

ANOTAÇÕES:

30

O QUE VOCÊ ESTÁ ESPERANDO?

"...Venha comigo. Levi se levantou e foi com ele".
MARCOS 2:14

TEMA: *Seguir a Jesus*
TEXTO BÍBLICO: *Marcos 2:13-17*

ABRINDO O ENCONTRO

1. Vamos planejar uma festa! Além do fato de a festa ser em nossa casa, o céu é o limite. Que podemos fazer para sermos os anfitriões da festa mais maravilhosa do mundo?
2. Qualquer pessoa que convidarmos se comprometerá a vir a nossa incrível festa. Então, quem vamos convidar?

DICA PARA ATIVIDADE EXTRA
Planeje uma festa de verdade para comemorar a decisão de sua família de seguir a Jesus. Convide os amigos e os irmãos de sua igreja — e algumas pessoas de fora de sua igreja também. Então divirtam-se! Sigam o exemplo de Jesus, sendo o tipo de cristão que mesmo os não-cristãos gostariam de estar por perto.

ABRINDO A BÍBLIA

Todos os membros da família devem ler Marcos 2:13-17.

3. Qual é sua impressão de Levi, depois de ler sua história aqui? Explique.

4. Depois que Levi decidiu seguir a Jesus, parece que começou algo como uma festa na casa dele. Por que isso aconteceu?

5. Levi não foi o único discípulo que abandonou o que estava fazendo e seguiu a Jesus. Como você acha que aqueles lhe discípulos explicariam essa decisão?

6. Normalmente pensamos que Jesus tinha apenas doze discípulos, mas Marcos 2:13-17 indica que grandes multidões de pessoas o seguiam. O que havia de tão atraente em Jesus?

NOS BASTIDORES: MARCOS 2:14

Os historiadores bíblicos geralmente concordam que o homem identificado como "Levi", em Marcos 2:14, era, na verdade, o discípulo que hoje conhecemos como Mateus — e o autor do evangelho que leva esse nome. A suposição é que ele tenha sido chamado por dois nomes, assim como "Pedro" era chamado de "Simão".

A ocupação de Mateus, um coletor de impostos, teria sido desprezada por seus compatriotas — e provavelmente por outros discípulos de Jesus também. Naqueles dias, os romanos permitiram que alguns judeus seletos comprassem o direito de cobrar impostos sobre circulação de seus companheiros hebreus.

Essa concessão muito frequentemente resultava em corrupção. Os judeus cobradores de impostos eram conhecidos por exigir pagamento além do necessário e usar a extorsão legalizada como um meio de enriquecimento pessoal. Os judeus odiavam esses coletores porque eles roubavam seus compatriotas e apoiavam o opressivo governo romano.[5]

7. Por que é importante uma criança seguir a Jesus hoje? Descreva como se você estivesse falando com seu melhor amigo.

8. Jesus convida todas as pessoas a segui-lo. Algumas o seguem e outras não. Por que você acha que isso acontece?

9. Parece que Jesus era alguém de quem as pessoas gostavam de estar por perto. Isso descreve a maioria dos cristãos hoje? Justifique sua resposta.

ABRINDO A VIDA

10. Por que você gosta de estar perto de Jesus? Explique.

11. O que podemos fazer para nos aproximarmos de Jesus hoje? E para ajudar outras pessoas a segui-lo durante toda a semana?

> **DICA AOS PAIS**
>
> Incentive os membros da família a serem específicos na maneira de responder as perguntas do "Abrindo a vida". Também ensine às crianças a esperar um minuto ou dois em silêncio antes de responderem. Isso lhes dará a oportunidade de pensar em suas respostas um pouco antes de terem de falar.

ANOTAÇÕES:

31

BOM, MELHOR, EXCELENTE

*"...Se alguém quer ser o primeiro,
deve ficar em último lugar e servir a todos".*

MARCOS 9:35

TEMA: *Grandeza*
TEXTO BÍBLICO: *Marcos 9:33-36*

ABRINDO O ENCONTRO

1. No que você se considera melhor, hoje?
2. Se você pudesse ser conhecido em todo o mundo por uma grande realização, qual gostaria que fosse?

DICA PARA ATIVIDADE EXTRA

Siga o exemplo de Jesus de se importar com aqueles que são "os últimos" e convide sua família a acompanhá-lo como voluntários no berçário de sua igreja por uma semana.

Dividam as responsabilidades — e compartilhem o amor de Jesus com os pequeninos.

3. Quem você acha que foi o maior dos discípulos de Jesus? Justifique sua escolha.

Todos os membros da família devem ler Marcos 9:33-36.

4. Por que os discípulos estavam relutantes em dizer a Jesus sobre o que eles tinham discutido?
5. A definição de Jesus sobre grandeza foi inesperada e difícil de compreender (v.35). Se Jesus pedisse para você fazer um desenho para Seus discípulos que ajudasse a explicar o que Ele quis dizer, o que você colocaria em seu desenho?

> **NOS BASTIDORES: MARCOS 9:33-36**
>
> A discussão dos discípulos sobre quem era o maior era provavelmente uma questão de classificação, com vários deles disputando para decidir quem tinha mais autoridade e privilégio dentro do círculo íntimo de Jesus.
>
> O Mestre respondeu dizendo a Seus discípulos que, para ser o maior, o primeiro deve ser o último. A palavra grega traduzida aqui como "primeiro", *protoi*, diz respeito a "governantes, aristocratas, sacerdotes em exercício e outras pessoas de autoridade e influência". A palavra usada para "último" (*eschatoi*) significa "alguém sem nenhuma posição, autoridade ou privilégio". Jesus enfatizou o que disse honrando, diante de Seus discípulos, um dos membros da sociedade menos considerados daquele tempo: uma criança. Na verdade, o simples fato de ouvir a conversa de uma criança era considerado, para a maioria das pessoas, uma perda de tempo.[6] Jesus, porém, sabia o que era certo — e queria que Seus discípulos também soubessem.

6. Por que é tão difícil manter uma atitude humilde?
7. Como servir os outros torna alguém exatamente grande? Explique.

8. No tempo em que Jesus e Seus discípulos viviam, as crianças não eram consideradas muito importantes, então Jesus usou uma criança para um exemplo do que era o "menor". Se Ele fizesse isso hoje, que exemplo poderia usar para demonstrar a mesma realidade?

ABRINDO A VIDA

9. De modo realista, como podemos nos tornar pessoas que servem aos outros, mesmo aqueles que poderíamos considerar "o último"? Sim, vamos fazer uma lista de ideias.
10. Quais itens da nossa lista vamos praticar, como família, no próximo mês?

DICA AOS PAIS

Incentive os membros da família a serem específicos na maneira de responder as perguntas do "Abrindo a vida". Também ensine às crianças a esperar um minuto ou dois em silêncio antes de responderem. Isso lhes dará a oportunidade de pensar em suas respostas um pouco antes de terem de falar.

ANOTAÇÕES:

32

É MAIS FÁCIL FALAR DO QUE FAZER

"...Juro que não conheço esse homem de quem vocês estão falando!...".
MARCOS 14:71

TEMA: *Fracasso*
TEXTO BÍBLICO: *Marcos 14:66-72*

ABRINDO O ENCONTRO

1. Faça de conta que você é um dos discípulos de Jesus há muito tempo. Você passou os últimos anos andando, comendo e convivendo com Jesus. Quais experiências você teve e que impacto elas tiveram sobre sua vida?
2. Como discípulo, o que você mais admira em Jesus?

DICA PARA ATIVIDADE EXTRA
Se seus filhos gostam de interpretar, seria divertido se todos vestissem trajes dos tempos bíblicos neste culto familiar. Usem lençóis para imitar túnicas e echarpes como faixas, depois calcem sandálias para completar o visual!

ABRINDO A BÍBLIA

Todos os membros da família devem ler Marcos 14:66-72.

3. O que você acha que os discípulos sentiram quando Jesus foi preso? Como você se sentiria?

4. Na época narrada em Marcos 14:66-72, Pedro havia presenciado Jesus ser preso pelos soldados e sabia que o Senhor estava sendo espancado e ridicularizado por Seus acusadores. Pedro teve que considerar que ele poderia ser o próximo. Se você fosse Pedro, o que faria?

5. O ato de ter negado a Cristo é conhecido como o maior fracasso de Pedro. Se você estivesse fazendo uma entrevista com ele, para o jornal de sua escola, sobre esse incidente, que conselho você acha que ele iria oferecer a você e seus colegas de classe?

NOS BASTIDORES: MARCOS 14:66-72

Dos onze discípulos que restaram depois que Judas traiu Jesus, apenas dois foram corajosos o suficiente para seguir a Cristo ao covil do inimigo. Um foi João; o outro foi Pedro. O pátio abaixo do lugar onde Jesus estava sendo ilegalmente julgado e espancado era um lugar realmente perigoso para Pedro. Não há nenhuma surpresa, então, no fato de ele ter se acovardado e negado a Jesus quando questionado por uma humilde serviçal. O que é surpreendente é que a Bíblia registra esse comportamento covarde em tudo.

O historiador clássico Eusébio indica que o evangelho de Marcos foi narrado a ele primeiramente pelo próprio Pedro.[7] A expectativa natural teria sido que Pedro e Marcos fossem ocultar o constrangimento de Pedro e realçar seu heroísmo. Mas aqui ocorre justamente o oposto — o que, na verdade, adiciona credibilidade ao relato do evangelho. Os teólogos Mark Bailey e Tom Constable observam: "A honestidade de Marcos ao lidar com o fracasso de um líder tão notável como Pedro atesta a veracidade das Escrituras, revelando as falhas e não apenas os êxitos dos primeiros santos".[8]

6. Quando percebeu o que havia feito, Pedro chorou. Se você estivesse lá, o que teria dito a ele naquele momento?

7. Depois que Pedro negou a Jesus, você acha que Jesus amava Pedro mais, menos, ou da mesma maneira que antes? Justifique sua resposta.

8. Se Pedro tivesse optado por viver na vergonha por causa de seu fracasso, como isso teria afetado a vida dele — e a nossa?

ABRINDO A VIDA

9. Quando você falha, Jesus o ama mais, menos, ou exatamente da mesma maneira que antes? Que diferença isso faz para você?

10. Todos falhamos algumas vezes, e também ferimos uns aos outros. O que podemos aprender de Jesus e da experiência de Pedro para nos ajudar a superar essas falhas quando elas ocorrem?

> **DICA AOS PAIS**
>
> Incentive os membros da família a serem específicos na maneira de responder as perguntas do "Abrindo a vida". Também ensine às crianças a esperar um minuto ou dois em silêncio antes de responderem. Isso lhes dará a oportunidade de pensar em suas respostas um pouco antes de terem de falar.

ANOTAÇÕES:

33

É SÓ UM PECADINHO

"Ali ele foi tentado pelo Diabo durante quarenta dias...".
LUCAS 4:2

TEMA: *Tentação*
TEXTO BÍBLICO: *Lucas 4:1-13*

ABRINDO O ENCONTRO

1. Feche os olhos enquanto eu faço a careta mais engraçada que você já viu. Pronto — Agora! Você ficou tentado a abrir os olhos para ver minha careta? Por quê?
2. Por que você acha que somos tão frequentemente tentados a fazer coisas que sabemos que não devemos fazer?

DICA PARA ATIVIDADE EXTRA
Após este devocional, só por diversão, que tal fazerem um concurso da careta mais engraçada? Peguem um espelho e revezem seu uso ou peguem uma câmera fotográfica para registrar os esforços de cada um. Recompensem os participantes com aplausos.

ABRINDO A BÍBLIA

Todos os membros da família devem ler Lucas 4:1-13.

3. Não há testemunhas terrenas do encontro descrito em Lucas 4:1-13, o que significa que Jesus deve ter falado sobre isso com Seus discípulos mais tarde. Por que você acha que Ele achou importante compartilhar sobre esse evento com os discípulos?

4. E se Jesus tivesse cedido a uma das tentações de Satanás? O que acha que teria acontecido?

5. De quais maneiras Satanás nos tenta para fazermos o mal hoje?

NOS BASTIDORES: LUCAS 4:1-13

Na época de Jesus, o povo judeu tinha algumas expectativas específicas sobre a vinda do Messias. É interessante observar que todas as tentações descritas em Lucas 4 eram maneiras para Jesus provar — nos termos de Satanás — que Ele era o Messias que o mundo esperava. Considere:

• Deuteronômio 18:15 promete um Messias como Moisés, o profeta de Deus que deu aos israelitas o pão do céu. A primeira tentação da parte de Satanás, então, era um apelo para que Jesus pudesse demonstrar poder como Moisés, fazendo aparecer pão milagrosamente.

• Também era esperado que o Messias judeu fosse um poderoso político e líder militar aqui na Terra.[9] Assim, Satanás se ofereceu para concretizar essa expectativa, oferecendo a Jesus todos os reinos do mundo — se apenas Cristo se curvasse diante dele. Felizmente Jesus recusou!

• Além disso, nessa época muitos judeus esperavam que Cristo aparecesse no céu de modo sobrenatural. O teólogo Herschel Hobbs escreveu: "Os judeus pensavam que o Messias viria repentinamente para o Templo, talvez flutuando sobre o pináculo em meio à aclamação da multidão".[10] A tentação de Satanás, então, foi desafiar Jesus a mostrar que Ele podia fazer isso. A resposta de Jesus mostrou que o verdadeiro Cristo era muito mais do que o que aqueles homens imaginavam.

6. Que conselho você me daria se soubesse que eu havia caído em tentação?

7. Que conselho gostaria que eu lhe desse?

8. Mesmo que não queiram, os amigos muitas vezes nos influenciam a praticar o mal. Como você e eu podemos evitar relacionamentos com pessoas que influenciam outros a praticar o mal?

ABRINDO A VIDA

9. O que podemos aprender a partir do exemplo de Jesus que nos ajudará da próxima vez que enfrentarmos tentações em casa, na escola, na igreja ou em qualquer outro lugar? Vamos fazer uma lista.

10. Quando Satanás tentou confundir e tentar Jesus, Cristo usou a Bíblia para demonstrar o que era realmente importante. Como podemos ajudar uns aos outros a fazer o mesmo esta semana?

> **DICA AOS PAIS**
>
> Incentive os membros da família a serem específicos na maneira de responder as perguntas do "Abrindo a vida". Também ensine às crianças a esperar um minuto ou dois em silêncio antes de responderem. Isso lhes dará a oportunidade de pensar em suas respostas um pouco antes de terem de falar.

ANOTAÇÕES:

34

QUEM É O MEU PRÓXIMO?

"...qual desses três foi o próximo do homem assaltado?".
LUCAS 10:36

TEMA: *Compaixão*
TEXTO BÍBLICO: *Lucas 10:25-37*

ABRINDO O ENCONTRO

1. Vamos ter o Congresso *Era Uma Vez* de contadores de histórias aqui, agora! Nosso tema para este Congresso é "bondade". Quais histórias "Era uma vez" podemos criar para ilustrar nosso tema?
2. É fácil ou difícil inventar uma história sobre bondade?

> **DICA PARA ATIVIDADE EXTRA**
> Tente fazer uma experiência de bom samaritano em algum momento durante a semana após este devocional. Leve seus filhos a um local público como um supermercado, um parque ou uma loja. Peça à sua família para olhar ao redor e identificar "oportunidades de bom samaritano" — ou seja, oportunidades para serem gentis com alguém. Então, tentem aproveitar essas oportunidades e vejam o que acontece. Certifiquem-se de conversar sobre sua experiência depois!

ABRINDO A BÍBLIA

Todos os membros da família devem ler Lucas 10:25-37.

3. Em vez de apenas dar uma breve resposta à pergunta "quem é o meu próximo?", Jesus contou uma história "era uma vez" sobre a bondade como resposta. Por que você acha que Ele fez isso?

4. Quais elementos importantes podemos observar na história de Jesus? Fale sobre eles.

5. Na sociedade da época de Jesus, os sacerdotes e levitas eram admirados como pessoas muito religiosas enquanto os samaritanos não eram considerados como tal. Jesus fez de um samaritano o herói desta história. Por quê?

NOS BASTIDORES: LUCAS 10:25-37

Dados breves sobre a parábola de Jesus do bom samaritano:

- A estrada de Jerusalém a Jericó era de aproximadamente 34 km.

- Essa estrada normalmente não era usada para o comércio, pois a maioria dos que a percorriam eram peregrinos que transitavam para ir a festas religiosas.

- A estrada de Jerusalém a Jericó era conhecida como um caminho "perigoso". O terreno rochoso oferecia esconderijos para ladrões violentos surpreenderem, subitamente, atacando e roubando viajantes distraídos.

- Por razões de segurança, em vez de viajarem sozinhos, os peregrinos religiosos geralmente transitavam em grupos ao longo dessa estrada.

- Na parábola de Jesus, tanto o sacerdote quanto o levita e o samaritano viajaram sozinhos e, portanto, teriam corrido um grande risco de sofrer o mesmo destino que o homem que eles viram ferido e roubado na beira da estrada.

- Os sacerdotes e levitas pertenciam à elite religiosa em Israel nesse tempo e era de se esperar que agissem com misericórdia para com o homem ferido.

> - De maneira geral os samaritanos e os judeus se odiavam mutuamente assim como se dá entre os muçulmanos e os judeus ainda hoje.
>
> - Os samaritanos eram considerados inimigos dos judeus e de Deus e, de acordo com o ensino rabínico, não deveriam ser ajudados quando em perigo.
>
> - O samaritano odiado, não a elite religiosa, foi o único que demostrou a misericórdia de Deus pelo outro e, assim, recebeu a aprovação de Jesus como "próximo".[11]

6. O que as atitudes de bondade do samaritano revelam sobre sua personalidade?

7. O que nossas ações revelam sobre nós para os nossos amigos e membros da família?

8. Por que você acha que Jesus considerou tão importante que as pessoas tratassem com bondade e misericórdia uns aos outros?

ABRINDO A VIDA

9. Quais são as formas específicas como podemos seguir o exemplo do samaritano em nossa vida diária? Por exemplo, em nossa casa? Na escola? Quando saímos com amigos? Quando estivermos no supermercado fazendo compras? Onde quer que estejamos?

10. E se todos os dias da semana fizermos esta oração: "Deus, ajude-me a ser um bom samaritano"! O que você acha que aconteceria? Vamos descobrir?

> **DICA AOS PAIS**
>
> Incentive os membros da família a serem específicos na maneira de responder as perguntas do "Abrindo a vida". Também ensine às crianças a esperar um minuto ou dois em silêncio antes de responderem. Isso lhes dará a oportunidade de pensar em suas respostas um pouco antes de terem de falar.

ANOTAÇÕES:

35

EM QUALQUER LUGAR DE ORAÇÃO

"...Quando vocês orarem, digam: "Pai..."."
LUCAS 11:2

TEMA: *Oração / Dia Mundial da Oração*
TEXTO BÍBLICO: *Lucas 11:1-4*

ABRINDO O ENCONTRO

1. Quais são cinco palavras que você usaria para descrever a oração?
2. Por que você escolheu essas palavras?

DICA ATIVIDADE EXTRA

Experimente fazer este devocional com sua família no Dia Mundial da Oração [N.E.: Comemorado em 4 de março]. Liste pedidos de oração específicos pelo país, família, igreja, amigos e estabeleça um tempo para orarem juntos. Cheque o dia no site http://www.calendariobr.com.br/dia-mundial-da-oracao#.WC37yblrKUk

ABRINDO A BÍBLIA

Todos os membros da família devem ler Lucas 11:1-4.

3. Por que você acha que os discípulos queriam que Jesus descrevesse a oração para eles?

4. Você acha que é importante orar como Jesus ensinou, chamando Deus de nosso "Pai"? Justifique sua resposta.

5. O que significa santificar ou honrar o nome de Deus? Como podemos fazer isso hoje?

> **NOS BASTIDORES: LUCAS 11:1-4**
>
> De acordo com o teólogo e historiador bíblico Timothy Paul Jones, há um elemento que torna a oração do Senhor em Lucas 11 diferente de qualquer outra oração na história: a frase de abertura "Pai nosso". Em aramaico original, o termo pai é *Abba*, e ele "combina carinhosa intimidade com profundo respeito". Aqui está como o Dr. Jones o descreve: "Cada criança na Judeia se dirigia a seu pai como *Abba*, mas ninguém se dirigira a Deus desta forma. Ao ordenar que Seus discípulos orassem "Pai nosso", Jesus estava convidando-os a desfrutar da mesma relação íntima com o Pai que Jesus havia experimentado na eternidade passada. Não há paralelo a essas palavras em qualquer outra religião do mundo. Nenhum muçulmano sonharia dirigir-se a Alá como "nosso *Abba*" — Alá é poderoso, mas não terno. Nenhum hindu pensaria em chamar o brâmane de "nosso *Abba*" — a força de vida divina é universal, mas não é pessoal. Os judeus se referem a Deus como "nosso Pai", mas nunca como "nosso *Abba*". "Nosso *Abba*" coloca a oração do Senhor em uma categoria única".[12]

6. O "pão de cada dia" refere-se às nossas necessidades cotidianas como alimento e abrigo. Por que Jesus nos diria para pedir a Deus coisas comuns como essas?

7. O perdão parece ser importante para Jesus — tanto que Ele o incluiu como um tópico em Sua oração-modelo. O que você acha que Ele está nos dizendo sobre isso?

8. Que diferença, de fato, faz orar para que Deus nos ajude a enfrentar a tentação? Dê exemplos.

ABRINDO A VIDA

9. Agora que você já leu Lucas 11:1-4, como você descreveria a oração a alguém que não está familiarizado com ela?

10. Por quais motivos você gostaria de orar hoje? Vamos fazer isso agora!

> **DICA AOS PAIS**
>
> Incentive os membros da família a serem específicos na maneira de responder as perguntas do "Abrindo a vida". Também ensine às crianças a esperar um minuto ou dois em silêncio antes de responderem. Isso lhes dará a oportunidade de pensar em suas respostas um pouco antes de terem de falar.

ANOTAÇÕES:

36
ALGUÉM ESTÁ COM FOME?

"...Onde vamos comprar comida para toda esta gente?".
JOÃO 6:5

TEMA: *Provisão de Deus*
TEXTO BÍBLICO: *João 6:1-15*

ABRINDO O ENCONTRO

1. Se você pudesse descobrir o segredo de qualquer truque de mágica, qual deles ia querer descobrir?
2. Imagine que você é um mágico incrível e pode curar qualquer doença com apenas um aceno de mão — mas você só pode fazer isso uma única vez. Como você usará o seu grande poder?

> **DICA PARA ATIVIDADE EXTRA**
> Este devocional foi programado para a hora da refeição, por isso desfrute de um almoço descontraído com sua família enquanto vocês discutem João 6:1-15.

ABRINDO A BÍBLIA

Todos os membros da família devem ler João 6:1-15.

3. Jesus não era simplesmente um mágico fazendo truques — Ele era um fazedor de milagres que transformava vidas reais. Se você estivesse lá e visse Jesus multiplicar cinco pães e dois peixes em comida suficiente para alimentar milhares de pessoas, como reagiria?

4. Jesus poderia ter dito: "Ok, acabou o show. Todos para casa agora". Mas, em vez disso, acomodou todos para que comessem gratuitamente com Ele. Por que Ele fez isso?

5. Os discípulos de Jesus tinham-no visto curar enfermos, expulsar demônios e realizar todos os tipos de milagres, mas aparentemente nunca lhes ocorreu que Ele poderia prover alimentos para todas aquelas pessoas. Por que não?

> **NOS BASTIDORES: JOÃO 6:1-15**
>
> Quando Jesus multiplicou pães para alimentar as 5 mil pessoas, aquilo significou mais do que apenas um almoço grátis para elas. Assim como Moisés milagrosamente havia provido pão no deserto, Jesus agora tinha feito o mesmo, com grande abundância. Para a multidão ali reunida, essa foi a prova de que Jesus era o Messias que Moisés profetizara em Deuteronômio 18:15: "Do meio de vocês Deus escolherá para vocês um profeta que será parecido comigo".
>
> Quase imediatamente a multidão eufórica queria coroar Jesus como rei — pela força. Eles presumiram que Ele era também um líder militar que iria derrubar os governantes romanos e liderar uma nova dinastia política em Israel. Mas essa não era a intenção ou o desejo de Cristo, então, literalmente, Ele rejeitou a oportunidade de se tornar um rei mundial.[13]
>
> Curiosamente, essa teria sido a segunda vez que Jesus havia recusado a chance de ser um rei terreno (Lucas 4:5-8). Nosso Messias sabia que Seu verdadeiro reino não era deste mundo (João 18:36).

6. Qual papel os seguidores de Jesus desempenharam para trazer esse milagre de amor e provisão?

7. Que papel desempenhamos hoje para espalhar pequenos milagres de amor e provisão?

8. O que teria acontecido se aquele garoto com o pão e o peixe não estivesse disposto a compartilhar seu almoço com Jesus e os outros?

ABRINDO A VIDA

9. De que forma podemos ser como aquele menino e compartilhar de nós mesmos com Deus e os outros?

10. Que pequenos milagres podem acontecer se fizermos coisas como essas neste próximo mês? Devemos correr o risco de descobrir?

DICA AOS PAIS

Incentive os membros da família a serem específicos na maneira de responder as perguntas do "Abrindo a vida". Também ensine às crianças a esperar um minuto ou dois em silêncio antes de responderem. Isso lhes dará a oportunidade de pensar em suas respostas um pouco antes de terem de falar.

ANOTAÇÕES:

37
SEM SAÍDA

"...Eu sou a ressurreição e a vida...".
JOÃO 11:25

TEMA: *Morte*
TEXTO BÍBLICO: *João 11:17-44*

ABRINDO O ENCONTRO

1. O que você pensa sobre a morte?
2. Quando alguém morre, os amigos e familiares se reúnem no funeral para confortar e apoiar as pessoas mais íntimas do falecido. Quem você iria querer por perto em um funeral? Por quê?

> **DICA PARA ATIVIDADE EXTRA**
>
> Antes de começar o devocional, examinem antigos álbuns de família com imagens de pessoas já falecidas. Compartilhe as histórias interessantes que você conhece sobre esses parentes. Procure dar um tom positivo a essa conversa.

ABRINDO A BÍBLIA

Todos os membros da família devem ler João 11:17-44.

3. Quando Lázaro morreu, suas irmãs Marta e Maria queriam que Jesus estivesse com elas para ajudar a confortá-las e apoiá-las — mas Jesus esperou quatro longos dias antes de ir vê-las. Como você acha que elas se sentiram enquanto esperaram por Jesus? Descreva — e também mostre esse sentimento em seu rosto.

4. Quando Jesus finalmente chegou, você acha que Maria e Marta estavam aliviadas ao vê-lo ou tristes porque Ele levou tanto tempo para chegar? Explique.

5. O que você acha que Marta e Maria pensavam sobre a morte?

> **NOS BASTIDORES: JOÃO 11:17,39**
>
> É significativo Jesus ter esperado quatro dias antes de vir para ver Seu amigo Lázaro. O ensino rabínico declarava que a morte era irreversível após três dias, porque no quarto dia o cadáver começava a deteriorar-se inexoravelmente. A crença predominante era que a alma da pessoa "paira sobre o corpo depois da morte com a intenção de reentrar. Mas assim que ela vê a aparência do defunto [quando o corpo começa a se deteriorar ao quarto dia] ela vai embora".[14]
>
> O fato de Jesus ressuscitar Lázaro depois de ele ter estado enterrado por quatro dias significava mais do que simplesmente ajudar um amigo. Seu ato foi também uma declaração definitiva de que Ele era Deus, com poder sobre a vida, a morte e a eternidade.

6. O que Jesus revelou sobre a morte a Marta e Maria? Por que isso importa para nós?

7. Jesus sabia que ressuscitaria Lázaro, então por que Ele chorou? O que isso nos diz sobre Ele?

8. Na sua opinião, por amor a quem você acha que Jesus ressuscitou Lázaro? Justifique sua resposta.

ABRINDO A VIDA

9. Se você pudesse perguntar a Jesus algo sobre a morte, o que gostaria de saber?

10. O que significa confiar em Jesus como sendo "a ressurreição e a vida" para nós? Como isso pode nos ajudar hoje, amanhã ou daqui a um ano?

> **DICA AOS PAIS**
>
> Incentive os membros da família a serem específicos na maneira de responder as perguntas do "Abrindo a vida". Também ensine às crianças a esperar um minuto ou dois em silêncio antes de responderem. Isso lhes dará a oportunidade de pensar em suas respostas um pouco antes de terem de falar.

ANOTAÇÕES:

38

UAU! VOCÊ VIU ISSO?

"...Eu vi o Senhor!...".
JOÃO 20:18

TEMA: *Ressurreição de Jesus / Páscoa*
TEXTO BÍBLICO: *João 20:1-18*

ABRINDO O ENCONTRO

1. Qual das habilidades você gostaria de ter: andar sobre a água, atravessar paredes, ou de ressuscitar alguém da morte? Por quê?
2. Jesus fez esses três milagres. Como você acha que os discípulos se sentiram quando viram essas incríveis proezas? Descreva.

DICA PARA ATIVIDADE EXTRA

Se seus filhos são bem-dispostos e imaginativos, use as almofadas do sofá e travesseiros para criar um "túmulo vazio" em sua sala. Então, peça para os membros da família encenar João 20:1-18, enquanto você lê a passagem em voz alta. Essa será uma maneira divertida de ajudar as crianças mais novas imaginarem os eventos incríveis dessa primeira manhã de Páscoa.

ABRINDO A BÍBLIA

Todos os membros da família devem ler João 20:1-18.

3. Quando Jesus morreu, os discípulos presumiram que Seus milagres haviam acabado. Então, o que você acha que passou pela mente deles quando descobriram que o túmulo estava vazio?

4. Maria, Pedro e João foram os primeiros a inspecionar o túmulo vazio. Então, Pedro e João deixaram o túmulo e voltaram para casa. Por que Maria permaneceu ali?

5. Depois de Sua ressurreição, Jesus poderia ter aparecido para qualquer um, a qualquer momento. Por que você acha que Ele escolheu se encontrar com Maria antes de qualquer outra pessoa?

NOS BASTIDORES: JOÃO 20:17

Quando Jesus apareceu para Maria Madalena após Sua ressurreição, Ele lhe deu uma ordem que parecia estranha: para que ela não o tocasse. A versão *Almeida Revista e Atualizada* traduz isso como "não me detenhas", e a *Nova Versão Internacional* registra "Não me segure". Embora ambas sejam traduções adequadas, nenhuma delas parece contar a história completa. O pastor Charles Swindoll nos oferece um esclarecimento do contexto da cena. Ele diz: "O significado da dócil reprovação de Jesus não é tão óbvio a princípio, principalmente porque as mais antigas traduções criaram confusões indevidas... a versão *A Mensagem* registra com mais precisão no tempo presente, a ordem imperativa: 'Não me abrace'. Maria se sentiu tão imensamente aliviada — supondo que ela tinha o seu Senhor de volta, como antes — que ela o abraçou e o segurou como se temesse perdê-lo novamente".[15]

6. Se você estivesse lá com Maria quando Jesus apareceu, o que você teria dito a ela? O que você teria dito a Jesus?

7. Por que é importante sabermos que Jesus voltou à vida depois de estar morto e sepultado?

8. Algumas pessoas não acreditam que Maria estava dizendo a verdade, e se recusaram a acreditar que Jesus voltara à vida. Hoje algumas pessoas ainda não acreditam na história da Maria ou que Jesus voltou à vida. Como você acha que devemos responder a essas pessoas?

ABRINDO A VIDA

9. Se Jesus verdadeiramente voltou à vida naquele primeiro domingo de Páscoa, isso significa que Ele ainda está vivo hoje. Que impacto essa verdade tem sobre você? Explique.

10. Jesus está vivo! Que diferença isso fará para você esta semana? Seja específico.

DICA AOS PAIS

Incentive os membros da família a serem específicos na maneira de responder as perguntas do "Abrindo a vida". Também ensine às crianças a esperar um minuto ou dois em silêncio antes de responderem. Isso lhes dará a oportunidade de pensar em suas respostas um pouco antes de terem de falar.

ANOTAÇÕES:

39
NÃO É NADA!

"...quem pode nos separar do amor de Cristo?..."
ROMANOS 8:35

TEMA: *O insistente amor de Deus*
TEXTO BÍBLICO: *Romanos 8:35-39*

ABRINDO O ENCONTRO

1. Vamos fazer uma lista de pelo menos 25 itens que você ama?
2. Em quais situações você sente que alguém o ama? Vamos fazer outra lista.

> **DICA PARA ATIVIDADE EXTRA**
> Analise a possibilidade de encenar alguma resposta divertida da lista que sua família criou como resposta à pergunta 2. Por exemplo, se alguém mencionar abraços ou massagem nos pés ou músicas especiais ou o que quer que seja, demonstrem que amam uns aos outros fazendo essas coisas bem naquele momento.

ABRINDO A BÍBLIA

Todos os membros da família devem ler Romanos 8:35-39.

3. Nesta passagem Paulo, o escritor de Romanos, fez uma lista de um monte de coisas malucas que não podem nos separar do amor de Jesus. Por que você acha que ele sentiu que era importante fazer isso?

4. O que você acrescentaria à lista de Paulo? Por quê?

5. Às vezes, quando passamos por um momento infeliz, não sentimos o amor de Deus. Ele pode parecer distante ou como se não nos visse ou não se preocupasse conosco. Quando você se sente assim?

> **NOS BASTIDORES: ROMANOS 8:35-39**
>
> É fácil ver as grandes declarações de Romanos 8:35-39 como expressões poéticas da verdade — e elas o são. Mas um olhar sobre os tempos em que essas palavras foram escritas revelam, fortemente, que as exortações de Paulo aqui foram mais do que simplesmente ideias abstratas e celestiais. Elas refletem as duras realidades da vida cristã diária. Pense nisso: De acordo com 2 Coríntios 11:23-28, Paulo experimentou pessoal e dolorosamente todos os sete difíceis eventos descritos no versículo 35 (problemas, dificuldades, perseguições, fome, nudez, perigo, violência de espada.). Além disso, os leitores de Paulo viviam em Roma durante o reinado sangrento do imperador Nero. Nos dias vindouros, César haveria de suscitar o inferno sobre todo e qualquer seguidor de Cristo que ele pudesse encontrar.[16] Contudo, mesmo antes da grande perseguição de Nero, esses cristãos romanos enfrentaram a tortura e a morte brutal simplesmente por crerem em Jesus. Um historiador da Bíblia descreve sua situação desta maneira:
>
> Nos primórdios da Igreja um ou mais cristãos eram torturados *todos os dias*, ou tinham que encarar tal possibilidade. Seus perseguidores consideravam a vida dos cristãos como nada além de animais a serem esquartejados (destaque meu).[17]

6. Como Romanos 8:35-39 pode nos ajudar quando não *sentimos* o amor de Deus?

7. Romanos 8:37 nos diz que, por causa do amor de Jesus, nós somos "mais do que vencedores" em qualquer situação. Mas, o que isso significa realmente?

8. Termine esta frase: "Eu sei com certeza que Deus me ama porque…". Explique sua resposta.

ABRINDO A VIDA

9. Jesus o ama — aqui, agora. Por que é importante lembrar essa verdade o tempo todo?

10. O que você descobriu hoje que gostaria de compartilhar com um amigo esta semana?

> **DICA AOS PAIS**
>
> Incentive os membros da família a serem específicos na maneira de responder as perguntas do "Abrindo a vida". Também ensine às crianças a esperar um minuto ou dois em silêncio antes de responderem. Isso lhes dará a oportunidade de pensar em suas respostas um pouco antes de terem de falar.

ANOTAÇÕES:

UM AMIGO LEGAL

"Que o amor de vocês não seja fingido...".
ROMANOS 12:9

TEMA: *Amizade saudável / Dia do Amigo*
TEXTO BÍBLICO: *Romanos 12:9-21*

ABRINDO O ENCONTRO

1. Se hoje fosse o Dia Internacional do Amigo Legal, o que faríamos para comemorar?
2. Quais as qualidades que você procura em um amigo legal? Por quê?

DICA PARA ATIVIDADE EXTRA

O Dia do Amigo é uma data comemorativa criada pelo argentino Enrique Ernesto Febbraro, por considerar a chegada do homem à Lua como um símbolo de união entre todos os seres humanos. Se sua família estiver fazendo este devocional perto desse dia ou nesse dia, prepare algumas atividades para celebrarem, tais como trabalhos manuais, comidas ou coisas desse tipo.

ABRINDO A BÍBLIA

Todos os membros da família devem ler Romanos 12:9-21.

3. Como as qualidades descritas aqui se comparam às qualidades que procuramos em amigos legais?

4. Termine esta frase: Quando Romanos 12:9 diz: "O amor deve ser sincero, isso significa…". Explique sua resposta.

5. O que acontece quando você ou seus amigos não seguem o conselho de Romanos 12:16? O que acontece quando você o faz?

> **NOS BASTIDORES: ROMANOS 12:20**
>
> Há debate sobre o que significa o que Paulo disse sobre ser bom com o inimigo na expressão "você amontoará brasas vivas sobre a cabeça dele" (NVI). O apóstolo claramente se refere a uma declaração semelhante em Provérbios 25:21,22, mas do que exatamente ele está falando?
>
> Alguns comentaristas veem esta frase como uma metáfora de julgamento na presença de Deus, retribuindo a pessoa má com justa punição. Nesta perspectiva, a bondade de um cristão em relação a um inimigo "aumenta o grau de julgamento que o inimigo irá receber". Outros comentaristas, no entanto, olham para o contexto dessa declaração e acham que Paulo está se referindo a um resultado positivo e esperançoso. Nesse ponto de vista, a passagem "amontoar brasas vivas sobre a cabeça dele" poderia remeter a um ritual egípcio de arrependimento, onde uma pessoa culpada carregava uma tigela de brasas na cabeça como um sinal de mudança de seu coração. Assim, a bondade cristã poderia levar um inimigo ao arrependimento.[18]

6. Quando escreveu Romanos 12:17-21, o apóstolo Paulo parecia estar preocupado com a maneira que tratamos nossos amigos e inimigos. Por quê?

7. Em quais circunstâncias é fácil conviver com as instruções de Paulo em Romanos 12? Em quais circunstâncias é difícil?

8. Por que você acha que o conselho mais importante de Paulo está em Romanos 12:9-21? Explique.

ABRINDO A VIDA

9. O que você teria que mudar para conseguir seu um "amigo legal" como o descrito em Romanos 12:9-21?

10. Com a ajuda de Deus, o que podemos fazer esta semana para começar a fazer essa mudança?

DICA AOS PAIS

Incentive os membros da família a serem específicos na maneira de responder as perguntas do "Abrindo a vida". Também ensine às crianças a esperar um minuto ou dois em silêncio antes de responderem. Isso lhes dará a oportunidade de pensar em suas respostas um pouco antes de terem de falar.

ANOTAÇÕES:

41

ORGANISMO EM AÇÃO

"...vocês são o corpo de Cristo...".
1 CORÍNTIOS 12:27

TEMA: *A Igreja / Corpo de Cristo*
TEXTO BÍBLICO: *1 Coríntios 12:12-27*

ABRINDO O ENCONTRO

1. Quem é a pessoa mais importante que você conhece? Justifique sua resposta.
2. Termine esta frase: "Posso dizer que uma pessoa é importante porque...".

DICA PARA ATIVIDADE EXTRA

Pegue um livro de biologia ou procure em um site como o www.auladeanatomia.com, por exemplo, para encontrar fotos médicas legais do corpo humano e seus múltiplos sistemas. Gastem tempo maravilhando-se com a complexidade e beleza da criação de Deus e use isso como ponto de referência durante a discussão de hoje sobre o Corpo de Cristo.

ABRINDO A BÍBLIA

3. Em quais momentos você se sente sem importância? O que o faz sentir-se dessa forma?

Todos os membros da família devem ler 1 Coríntios 12:12-27.

4. De acordo com o que Paulo diz em 1 Coríntios 12:12-27, somos todos importantes uns para os outros porque somos todos parte da Igreja de Jesus Cristo. Como você explicaria isso para alguém que não acredita nisso?

5. Como uma forma de explicar por que somos todos importantes uns para os outros, Paulo compara os cristãos ao corpo humano de Jesus. O que faz e o que não faz sentido para você nessa comparação?

> **NOS BASTIDORES: 1 CORÍNTIOS 12:12-27**
>
> Nos dias de Paulo, a cidade de Corinto, na Grécia, era a maior área metropolitana com mais de meio milhão de pessoas vivendo ali. Era uma grande cidade que priorizava os valores sociais da filosofia e da religião. Na verdade, os arqueólogos descobriram pelo menos doze templos concorrentes de vários deuses gregos presentes na antiga Corinto.[19]
>
> Nesse clima, a igreja cristã em Corinto tornou-se um local fragmentado por divisões e busca de status, e particularmente, como no relato, por dons espirituais. Historiadores bíblicos acreditam que lá pode ter surgido o que chamaríamos de um "culto à personalidade" em torno de alguns talentosos líderes da igreja de Corinto. "Aparentemente os dons mais espetaculares (como línguas) haviam sido glorificados na igreja de Corinto, fazendo aqueles que não o possuíam sentirem-se inferiores."[20]

6. Qual outra boa comparação podemos usar quando explicarmos a mensagem de Paulo?

7. Se você estiver com seu pé doendo, todo seu corpo saberá disso. Paulo diz que o mesmo é verdadeiro em relação à Igreja. O que ele quer dizer com isto? Você pode dar um exemplo?

8. O que aconteceria com a Igreja se todos fossem boca, mas ninguém fosse mão?

ABRINDO A VIDA

9. Se você tivesse que escolher uma parte do corpo para descrever onde você acha que se encaixa na Igreja, qual parte escolheria?
10. Qual é a verdade mais importante que você quer se lembrar desse debate de hoje? Como você tem certeza de que se lembrará dela esta semana?

> **DICA AOS PAIS**
>
> Incentive os membros da família a serem específicos na maneira de responder as perguntas do "Abrindo a vida". Também ensine às crianças a esperar um minuto ou dois em silêncio antes de responderem. Isso lhes dará a oportunidade de pensar em suas respostas um pouco antes de terem de falar.

ANOTAÇÕES:

42

FALANDO SOBRE COLHEITA

"...devemos fazer o bem a todos...".
GÁLATAS 6:10

TEMA: *Crescimento Espiritual / Primeiro dia do outono*
TEXTO BÍBLICO: *Gálatas 6:7-10*

ABRINDO O ENCONTRO

1. Se você pudesse, você preferiria ter uma pequena árvore de dinheiro no jardim, ou brinquedos grandes, jogos e um jardim de eletrônicos na frente de casa? Por quê?
2. Se você plantasse uma semente no solo e ela crescesse se transformando em uma grande árvore, o que gostaria de plantar?

DICA PARA ATIVIDADE EXTRA
Se o tempo, o clima e o local permitirem, este devocional ficaria ótimo se fosse realizado ao ar livre, num jardim ou fazenda. Caminhar entre as fileiras de um campo de milho durante o verão seria especialmente divertido, se for uma opção para você e sua família.

ABRINDO A BÍBLIA

Todos os membros da família devem ler Gálatas 6:7-10.

3. Quando o apóstolo Paulo escreveu essa passagem, ele comparou o crescimento espiritual de uma pessoa e seu estilo de vida a um jardim. O que você acha que ele estava tentando dizer por meio desse texto? Explique com suas próprias palavras.

4. Como as más atitudes em relação aos outros "crescem" tornando-se consequências ruins em nossa vida?

5. O que acontece quando fazemos o bem aos outros? Como esse "crescer" se transforma em boa colheita para nós?

> **NOS BASTIDORES: GÁLATAS 6:7-9**
>
> A imagem de uma colheita é usada cerca de 100 vezes nas Escrituras, incluindo Gálatas 6:7-9. Embora pareça desatualizado e um pouco estranho para nossa cultura atual repleta de alta tecnologia, a cultura dos leitores de Paulo era "um mundo em grande parte rural, de agricultura relacionada à semeadura e à colheita. Nesse mundo de agricultura, a colheita é tanto um evento de grande importância anual, como a imagem admirável de abundância e recompensa para o trabalho feito".
>
> Além disso, as festas religiosas judaicas geralmente eram programadas para ocorrer durante a época da colheita. Por exemplo, a Páscoa coincidia com a colheita da cevada, o Pentecostes ocorria na época da colheita de trigo e a Festa das Barracas [N.E.: ou Festa dos Tabernáculos] ocorria durante a colheita de frutos do final do ano. Como tal, o símbolo de colheita que Paulo usou deve ter sido emocionante para seus leitores, repleto de associações de recompensa, generosidade, bênção e alegria.[21]

6. Como sabemos se nossas atitudes e ações estão sendo semeadas "no terreno do Espírito de Deus" todos os dias?

7. Às vezes é difícil continuar fazendo o bem. O que faz você querer desistir de plantar boas sementes em sua vida?

8. Quando você sente vontade de desistir, o que você acha que Paulo gostaria que você soubesse? Fale sobre isso.

ABRINDO A VIDA

9. O que você acha que Deus quer que aprenda sobre crescimento espiritual em nossa discussão hoje? Resuma sua resposta em uma frase.

10. O que você fará de forma diferente esta semana em decorrência disso? Qual é a sua ideia sobre isso?

> **DICA AOS PAIS**
>
> Incentive os membros da família a serem específicos na maneira de responder as perguntas do "Abrindo a vida". Também ensine às crianças a esperar um minuto ou dois em silêncio antes de responderem. Isso lhes dará a oportunidade de pensar em suas respostas um pouco antes de terem de falar.

ANOTAÇÕES:

PODEROSA FRAQUEZA

"...a imensa grandeza da sua graça...".
EFÉSIOS 2:7

TEMA: *Graça*
TEXTO BÍBLICO: *Efésios 2:6-10*

ABRINDO O ENCONTRO

1. Se você fosse dono de uma agência de detetives, que tipos de segredos você gostaria que sua equipe descobrisse?
2. Adivinhe? A *Agência Secreta de Detetives* ligou e quer saber o segredo para viver como um cristão. O que devemos contar a eles?

> **DICA PARA ATIVIDADE EXTRA**
>
> Quando responderem à pergunta 2, façam uma "caixa de pistas" para a *Agência Secreta de Detetives*. Incluam nela dicas ou lembretes de respostas que deem "pistas" sobre o segredo para viver a vida cristã. Enquanto o devocional estiver em andamento, adicionem novos itens (como as definições das crianças em resposta à pergunta 4) à caixa de pistas. Mantenham a caixa em um lugar de destaque durante a semana como um lembrete do que todos vocês aprenderam por meio da discussão de hoje.

ABRINDO A BÍBLIA

Todos os membros da família devem ler Efésios 2:6-10.

3. Se a *Agência Secreta de Detetives* tivesse chamado o apóstolo Paulo (o autor de Efésios) em busca de pistas, o que você acha que ele teria contado para o pessoal? Descreva em suas próprias palavras.

4. Como você definiria a palavra *graça*?

> **DICA AOS PAIS**
>
> Se seus filhos ainda não são cristãos, este devocional pode ser uma oportunidade para ajudá-los a começar a desenvolver seu próprio relacionamento com Jesus. Sinta-se à vontade para expandir a discussão nas respostas às perguntas 5 e 6 para incluir um resumo do evangelho e convidar seus filhos a receberem a graça salvadora de Deus em suas vidas hoje.

5. De que forma a graça do Deus é o segredo para a vida cristã? Descreva.

6. O que você acha que é uma resposta adequada à vontade de Deus em nossa vida?

> **NOS BASTIDORES: EFÉSIOS 2:8**
>
> A palavra grega traduzida como "graça" em Efésios 2:8 é *charis*. Segundo o estudioso da Bíblia Lawrence Richards, "significa um gracioso favor ou benefício concedido e, ao mesmo tempo, significa a gratidão apropriada para a graça recebida... O conceito inclui a ação da graça e as qualidades da aceitação humana".
>
> O apóstolo Paulo levou essa palavra um passo adiante. Richards diz: "Paulo adotou a palavra *charis* para comunicar a verdade que se encontra no cerne da obra salvadora de Deus, em Jesus. Para Paulo, a graça é uma realidade transformadora... Ela transforma o nosso presente e

destino eterno... ela é a triunfante notícia de que Deus, em Cristo, tem agido e agirá em auxílio de todos aqueles que nele confiarem". [22]

Em resumo, *charis* muda tudo... para sempre.

7. Por que, às vezes, nos tornamos esquecidos ou ingratos quando se trata da graça de Deus?

8. Efésios 2:10 nos diz que fomos criados para fazer boas obras. Como a graça de Deus pode nos ajudar a fazer isso?

ABRINDO A VIDA

9. O que, às vezes, pode se tornar um obstáculo para que os cristãos compartilhem a graça de Deus com os outros?

10. Dentre tudo que discutimos sobre a graça de Deus, o que faz você se sentir grato? Vamos agradecer a Deus por isso.

DICA AOS PAIS

Incentive os membros da família a serem específicos na maneira de responder as perguntas do "Abrindo a vida". Também ensine às crianças a esperar um minuto ou dois em silêncio antes de responderem. Isso lhes dará a oportunidade de pensar em suas respostas um pouco antes de terem de falar.

ANOTAÇÕES:

BEM VESTIDOS

"...vistam-se de misericórdia...".
COLOSSENSES 3:12

TEMA: *Estilo de vida amoroso*
TEXTO BÍBLICO: *Colossenses 3:12-17*

ABRINDO O ENCONTRO

1. Super-Homem, Batman ou Mulher Maravilha... quem você iria preferir ter como seu melhor amigo? Por quê?
2. Quais são as melhores qualidades para procurar em um amigo?

> **DICA PARA ATIVIDADE EXTRA**
> Se os seus filhos são do tipo que gostam de encenação, mande todo mundo para seus respectivos quartos com instruções para retornarem em cinco minutos usando as melhores fantasias de super-heróis que puderem criar com os materiais que encontrarem em casa. Aplauda seus esforços — e participe da diversão! Então dê sequência a este devocional com sua própria superfamília.

3. O que faz de você um "super" amigo?

Todos os membros da família devem ler Colossenses 3:12-17.

4. Como as virtudes identificadas aqui se comparam com as qualidades que admiramos em um amigo íntimo? O que é semelhante e o que é diferente?

5. Colossenses 3:14 ressalta que o amor é a mais importante virtude numa pessoa. Como você vê isso se realizando em sua vida?

> **NOS BASTIDORES: COLOSSENSES 3:15**
>
> Quando Paulo encorajava seus leitores em Colossos a "deixar a paz de Cristo dirigir vocês", era um apelo à sensibilidade de concorrência deles. A palavra usada para "dirigir" aqui é *brabeuō*, um termo do esporte que se referia a um árbitro ou juiz desportivo de um jogo ou confrontos entre atletas concorrentes.
>
> Em Colossos, esses cristãos eram frequentemente confrontados com perigo e até mesmo com opressão demoníaca. Em vez de deixar o medo dirigir sua vida e ações, Paulo lembrou a eles — e a nós — que a paz prometida de Cristo age em nosso favor. Nós, como os colossenses, podemos optar por confiar que a paz *brabeuō* atua sobre qualquer oposição à nossa fé, sobre qualquer circunstância, não importa quão avassaladora ela possa parecer à primeira vista. [23]

6. Colossenses 3:12-17 poderia ser resumido como "um estilo de vida amoroso". Como essa passagem também descreve Jesus e seu estilo de vida amoroso? Dê exemplos.

7. Verdadeiro ou falso: "Quando vivo um estilo de vida amoroso, mostro Jesus para as pessoas ao meu redor". Justifique sua resposta.

8. Quais são os obstáculos para vivermos uma vida amorosa aqui em nossa casa? E fora de nossa casa?

ABRINDO A VIDA

9. O que pode nos ajudar a viver de maneira amorosa, mesmo quando é difícil? Vamos discutir ideias.

10. Se você e eu estivermos determinados a viver Colossenses 3:17 todos os dias, como seria? Como podemos fazer isso acontecer?

> **DICA AOS PAIS**
>
> Incentive os membros da família a serem específicos na maneira de responder as perguntas do "Abrindo a vida". Também ensine às crianças a esperar um minuto ou dois em silêncio antes de responderem. Isso lhes dará a oportunidade de pensar em suas respostas um pouco antes de terem de falar.

ANOTAÇÕES:

45

LUCY, ELE ESTÁ EM CASA!

"...o próprio Senhor descerá do céu...".
1 TESSALONICENSES 4:16

TEMA: *A volta de Jesus*
TEXTO BÍBLICO: *1 Tessalonicenses 4:13-18*

ABRINDO O ENCONTRO

1. E se você tivesse o poder de trazer de volta um personagem histórico por uma hora? Quem gostaria de conhecer? Por quê?
2. E se você pudesse dar uma olhadinha no futuro através de seu aparelho de televisão? Que grande evento você gostaria de presenciar? Descreva.

> **DICA PARA ATIVIDADE EXTRA**
>
> Após este devocional, peguem papéis e canetinhas e criem alguns cartões de incentivo com base em 1 Tessalonicenses 4:13-18. Enviem para seus amigos e líderes em sua igreja. Então vocês realmente estarão seguindo as instruções do versículo 18 dessa passagem!

ABRINDO A BÍBLIA

Todos os membros da família devem ler 1 Tessalonicenses 4:13-18.

3. Quando Jesus voltar, vai ser como trazer alguém de volta da história e como assistir um evento incrível do futuro. Se você tivesse seu próprio programa de televisão, como descreveria esse acontecimento a alguém que pudesse estar lhe assistindo?

4. Por que é importante sabermos que Jesus está vindo outra vez?

5. Ninguém sabe o dia exato em que Jesus voltará. Por que você acha que Deus planejou dessa forma?

> **NOS BASTIDORES: 1 TESSALONICENSES 4:13,15**
>
> Atos 17:1-10 revela que, quando Paulo inicialmente plantou a igreja em Tessalônica, ele, na verdade, causou um tumulto! Na realidade ele foi forçado a fugir à noite para proteger os novos cristãos da perseguição. Como consequência, ele provavelmente não teve tempo para ensinar essa igreja além do básico sobre a segunda vinda de Jesus. Quando alguns na igreja de Tessalônica morreram, o restante dos fiéis ficou preocupado com o destino eterno deles. Paulo escreveu para aplacar seus medos e compartilhar a promessa da esperança da volta de Jesus para todos os cristãos, mortos e vivos.
>
> Em 1 Tessalonicenses 4:15, Paulo afirma claramente que esse ensino veio diretamente de Jesus, levando muitos a fazer a pergunta de como Paulo ouviu Cristo falar sobre isso. Existem quatro teorias:
>
> (1) Essa teologia veio de um ensinamento de Jesus que não está registrado nos relatos do evangelho; (2) é uma paráfrase dos ensinamentos de Jesus sobre o fim dos tempos, como está registrado em Marcos 13 e Mateus 24; (3) é um resumo geral de todo o ensino de Jesus; ou (mais provavelmente) (4) Jesus falou isso de modo sobrenatural a Paulo, assim como quando Ele o encontrou na estrada para Damasco (veja Atos 9). [24]

6. Jesus vai preparar uma grande aparição quando Ele voltar, com anjos, trombetas e um grande brado. Qual é o propósito disso?

7. O apóstolo Paulo esperava que Jesus voltasse antes de ele morrer — mas isso não aconteceu. Quer dizer que Paulo estava errado, quando escreveu 1 Tessalonicenses 4:13-18? Explique sua resposta.
8. Você acha que faz diferença ou não acreditar que Jesus voltará enquanto você ainda vive? Justifique sua resposta.

ABRINDO A VIDA

9. 1 Tessalonicenses 4:18 nos diz para encorajar uns aos outros com a notícia da futura volta de Jesus. Como isso pode nos estimular?
10. O que você acha que significa "estar preparado" para a volta de Jesus? Como você pode "estar preparado" esta semana?

DICA AOS PAIS

Incentive os membros da família a serem específicos na maneira de responder as perguntas do "Abrindo a vida". Também ensine às crianças a esperar um minuto ou dois em silêncio antes de responderem. Isso lhes dará a oportunidade de pensar em suas respostas um pouco antes de terem de falar.

ANOTAÇÕES:

46

PESSOAS-LIVRO

"...toda a Escritura Sagrada é inspirada por Deus...".
2 TIMÓTEO 3:16

TEMA: *A Bíblia*
TEXTO BÍBLICO: *2 Timóteo 3:14-17*

ABRINDO O ENCONTRO

1. Há algum objeto que você carrega consigo o tempo todo? (Por exemplo, uma bolsa? Uma carteira? Um protetor labial?)
2. E se sua Bíblia fosse esse objeto que você sempre carrega? O que seria diferente para você?

> **DICA PARA ATIVIDADE EXTRA**
>
> Tenha em mãos alguns marcadores de texto para compartilhar durante este devocional. Como parte da resposta à pergunta 7, dê um marca-texto para cada criança. Incentive-os a marcar versículos das Escrituras que elas acharem importantes ou significativos, e que gostariam de lembrar mais tarde. Por exemplo, seus filhos podem marcar hoje mesmo 2 Timóteo 3:16 em suas próprias Bíblias.

ABRINDO A BÍBLIA

3. Quando foi a primeira vez que Deus usou a Bíblia para transmitir uma mensagem importante para você? O que aconteceu?

Todos os membros da família devem ler 2 Timóteo 3:14-17.

4. O que você vê nesta passagem que é importante? Explique.
5. Como exatamente a Bíblia faz todas as coisas listadas no versículo 16? Dê exemplos.

> **NOS BASTIDORES: 2 TIMÓTEO 3:16**
>
> Paulo declara em 2 Timóteo 3:16 que toda a Escritura é "soprada por Deus" (ou "inspirada por Deus" em algumas traduções). O pastor Charles Swindoll lança luz sobre essa terminologia dizendo: "A expressão deriva de uma única palavra que une *theos*, 'Deus' e o verbo *pneō*, 'respirar'".
>
> Essa imagem do "respirar de Deus" é significativa no sentido que conduz a uma comparação entre a criação narrada nas Escrituras e a inspiradora criação do primeiro homem e mulher. Gênesis 2:7 revela que Deus formou o primeiro humano, Adão, do "pó da terra" — mas Adão realmente não possuía *vida* até que Deus a soprou para dentro dele. Antes do sopro de Deus, Adão era o que Swindoll chama de "poeira organizada". Da mesma forma, as palavras das Escrituras são mais do que simplesmente "letras organizadas". Como o pastor Swindoll observa: "Somente as palavras do sopro de Deus possuem Sua vida". [25]

6. Se 2 Timóteo 3:17 é verdade, então você tem o poder de realizar qualquer boa obra que Deus quer que você realize. Como isso o faz sentir?
7. Como alguém pode usar a Bíblia para experimentar o que está descrito em 2 Timóteo 3:14-17? Explique isso como se estivesse conversando com alguém que nunca viu a Bíblia.
8. Algumas pessoas dizem: "A Bíblia não é para crianças". Você concorda ou discorda? Justifique sua resposta.

ABRINDO A VIDA

9. Por que é importante saber e acreditar que as palavras da Bíblia vêm de Deus?

10. O que você vai lembrar sobre o devocional de hoje que possa ajudá-lo durante a próxima semana na escola? E em casa? Quando sair com amigos?

> **DICA AOS PAIS**
>
> Incentive os membros da família a serem específicos na maneira de responder as perguntas do "Abrindo a vida". Também ensine às crianças a esperar um minuto ou dois em silêncio antes de responderem. Isso lhes dará a oportunidade de pensar em suas respostas um pouco antes de terem de falar.

ANOTAÇÕES:

47

A FÉ É...

> "A fé é a certeza de que vamos receber
> as coisas que esperamos...".
>
> HEBREUS 11:1

TEMA: *Fé*
TEXTO BÍBLICO: *Hebreus 11:1*

ABRINDO O ENCONTRO

1. Termine esta frase: "Antes que o dia termine eu realmente espero que...". Explique sua resposta.
2. Termine esta frase: "Antes que minha vida acabe eu tenho fé que...". Explique sua resposta.

DICA PARA ATIVIDADE EXTRA

Para ilustrar um pouco da discussão em resposta às perguntas 3–5, tente fazer um exercício de "Cai não Cai". Peça que um voluntário fique em pé, de costas e de braços estendidos para o restante da família. Ele deve "cair" para trás e o restante do grupo deve segurá-lo. Peça que a pessoa explique a diferença entre *esperar* que a família a segure e *saber* que a família irá segurá-la.

ABRINDO A BÍBLIA

Todos os membros da família devem ler Hebreus 11:1.

3. Hebreus 11:1 nos diz que a fé não é esperança, mas a certeza daquilo que se espera. Qual é a diferença?
4. O que acontece quando as pessoas têm fé nas coisas que não são verdadeiras?
5. Como podemos avaliar o que merece a nossa fé e o que não merece? Dê exemplos.

> **NOS BASTIDORES: HEBREUS 11:1**
>
> A palavra grega usada em Hebreus 11:1 para "confiança" (ou "garantia" ou "substância" em algumas traduções) é *hupŏstasis*. Essa palavra abrange mais do que simplesmente a essência abstrata de fé. Em vez disso, *hupŏstasis* — substância — nesse contexto é também algo físico, sólido. Literalmente significa "uma base sob um (apoio)".[26] Em outras palavras, a fé (um conceito abstrato) é melhor descrita como um objeto concreto, como uma mesa ou viga de suporte ou até mesmo a fundação de uma casa que se mantém firmemente sob o peso de outro objeto concreto.
>
> Para alguns, a fé é facilmente confundida como sinônimo de esperança ou como pensamento positivo ou força invisível. Mas para aqueles que compreendem a verdadeira natureza da *hupŏstasis* e a aplica à vida, a autêntica fé é muito mais do que isso. Como a fundação invisível de uma casa, a fé é a *substância* oculta da verdade real, a realidade muitas vezes invisível que mantém as pequenas esperanças parcialmente percebidas em nossa vida diária.

6. Hebreus 11:1 nos diz que pela fé nós podemos "ter certeza de coisas que não podemos ver". Como funciona isso?
7. O que a fé em Jesus significa para você? Descreva.
8. Às vezes coisas ruins acontecem a pessoas boas. Como a fé em Jesus nos ajuda a compreender e a lidar com situações como essas?

ABRINDO A VIDA

9. O que significam as esperanças de Deus para você?
10. Como sua fé em Jesus pode ajudá-lo a buscar as esperanças de Deus para você esta semana? Dê exemplos.

DICA AOS PAIS

Incentive os membros da família a serem específicos na maneira de responder as perguntas do "Abrindo a vida". Também ensine às crianças a esperar um minuto ou dois em silêncio antes de responderem. Isso lhes dará a oportunidade de pensar em suas respostas um pouco antes de terem de falar.

ANOTAÇÕES:

48

O SISTEMA DIZER-FAZER

"...não sejam apenas ouvintes dessa mensagem...".
TIAGO 1:22

TEMA: *Fé como estilo de vida*
TEXTO BÍBLICO: *Tiago 1:22-25*

ABRINDO O ENCONTRO

1. Há um novo reality show na televisão chamado *Quem é verdadeiramente cristão?* Para ganhar você tem que identificar o cristão disfarçado no show. Como você vai descobrir isso?
2. De maneira geral você acha que é fácil ou difícil identificar cristãos na vida real? Por quê?

> **DICA PARA ATIVIDADE EXTRA**
> Como parte de sua discussão durante a pergunta 9, considere a criação do prêmio "Ouvinte e Praticante" para oferecer como incentivo às pessoas que você identificar. Compartilhe-os com as pessoas escolhidas em algum momento da próxima semana.

ABRINDO A BÍBLIA

Todos os membros da família devem ler Tiago 1:22-25.

3. Se estivéssemos no reality show *Quem é Verdadeiramente Cristão?* e seguíssemos as instruções de Tiago 1:22-25, você acha que seria fácil ou difícil as pessoas nos reconhecerem como cristãos? Por quê?

4. Tiago diz que pessoas que "são meramente ouvintes" da Palavra de Deus estão enganando a si mesmas. O que ele quer dizer?

5. Como uma pessoa realmente pratica o que diz a Palavra de Deus? Dê exemplos.

> **NOS BASTIDORES: TIAGO 1:23,24**
>
> Diferentemente de nossa sociedade moderna, não era comum que houvesse espelhos numa casa típica do antigo Oriente Médio — e até mesmo quando havia, eles não conseguiam produzir a nitidez de imagem a que estamos acostumados na atualidade. Nas famílias mais ricas os espelhos eram usados principalmente como ferramenta útil para arrumar os cabelos. Porém, é mais provável que a passagem de Tiago 1:23,24 seja para o público em geral, que tinha acesso apenas ocasional a um espelho e poderia estar mais inclinado a esquecer sua aparência no dia a dia.
>
> De qualquer maneira, a implicação da declaração de Tiago não é lisonjeira! No caso das pessoas ricas, as palavras de Tiago sugerem que eram tolos e desatenciosos. Em relação à pessoa comum, a declaração de Tiago sugeriria que essa pessoa era superficial e distraída. A ênfase dele é clara: A Palavra de Deus é uma ferramenta valiosa, e seremos tolos se não a aplicarmos frequente e cuidadosamente em nossa vida.[27]

6. Tiago parece um pouco ofensivo em relação às pessoas que ouvem a Palavra de Deus, mas não a praticam, comparando-as com pessoas tolas que não conseguem se lembrar de sua aparência (Tiago 1:23,24). Você acha que essa repreensão é justa? Por quê?

7. Tiago também diz que a pessoa que vive um estilo de vida baseado na Palavra de Deus recebe as bênçãos de Deus (v.25). Quais tipos de bênçãos você acha que ele quer dizer?

8. O que, às vezes, pode dificultar para que a fé cristã seja praticada? O que podemos fazer a respeito disso?

ABRINDO A VIDA

9. Você conhece uma pessoa que, até onde você saiba, parece estar praticando a sabedoria de Tiago 1:22-25? Fale sobre essa pessoa.

10. O que podemos aprender a partir dessa pessoa e de Tiago 1:22-25, que nos ajude a praticar mais livremente nossa fé em Jesus esta semana?

DICA AOS PAIS

Incentive os membros da família a serem específicos na maneira de responder as perguntas do "Abrindo a vida". Também ensine às crianças a esperar um minuto ou dois em silêncio antes de responderem. Isso lhes dará a oportunidade de pensar em suas respostas um pouco antes de terem de falar.

ANOTAÇÕES:

49
DOME ESSA LÍNGUA!

"Todos nós sempre cometemos erros...".
TIAGO 3:2

TEMA: *Autocontrole*
TEXTO BÍBLICO: *Tiago 1:26; 3:2-10*

ABRINDO O ENCONTRO

1. Pense em sua música favorita. Você pode cantá-la sem usar sua língua? Tente agora!
2. Você consegue falar este trava-língua cinco vezes, bem rápido? "Três tigres tristes para três pratos de trigo". Experimente!

> **DICA PARA ATIVIDADE EXTRA**
>
> Existem muitos ditados conhecidos sobre ter cuidado com o que dizemos: "Ações falam mais alto que palavras", "em boca fechada não entra mosquito", e "a palavra gentil afasta a ira" são apenas alguns. Incentive seus filhos a escolherem um ditado comum (ou um versículo da Bíblia) que os ajude a lembrar sobre o cuidado com suas palavras. Então, peça que todos escrevam seus ditados e os carreguem consigo durante a próxima semana.

ABRINDO A BÍBLIA

Todos os membros da família devem ler Tiago 1:26; 3:2-10.

3. Imagine que você acordou esta manhã sem língua. Do que você sentirá mais falta enquanto vive como um "deslinguado"?

4. A língua é poderosa; alguns dizem que é o músculo mais forte de nosso corpo. O que você entende que Tiago está falando sobre o poder da língua nesses versículos? Resuma em suas próprias palavras.

5. Nessa passagem, Tiago usa várias comparações diferentes para descrever o poder da língua. Qual delas parece mais precisa para você? Explique.

NOS BASTIDORES: TIAGO 3:2

Quando Tiago escreveu as palavras "todos nós sempre cometemos erros" em Tiago 3:2, o que é muito provável é que ele estivesse pensando em sua própria vida e a zombaria que uma vez fez, falando sobre Jesus.

Os estudiosos da Bíblia geralmente concordam que o autor dessa epístola provavelmente era Tiago, irmão de Jesus, que eventualmente se tornou um líder proeminente da igreja de Jerusalém.[28] Mas antes disso, o segundo filho de Maria e José cresceu à sombra de um irmão mais velho realmente "perfeito"! Como outros em sua família, Tiago era cético às declarações de Jesus sobre Sua divindade. João 7:1-5 revela que os irmãos de Jesus, provavelmente sob a liderança de Tiago, zombaram de Cristo pelo menos uma vez e tentaram convencê-lo de Suas ações tolas. Ainda um fato mais condenável está registrado em Marcos 3:21, quando a família de Maria — novamente, com Tiago provavelmente na liderança — declarou publicamente que Jesus era realmente louco.

Então, quando Tiago escreveu advertências sobre domar a língua, ele pode ter pensado em suas próprias falhas nessa área — e a maneira como ele, certa vez, permitiu que sua língua insultasse seu próprio Salvador.

6. Fogo e veneno são duas palavras usadas para descrever o doloroso efeito de palavras insensatas. Quando você sente que as palavras de alguém ferem você como fogo ou veneno? Como você reage a elas?

7. O que as palavras que dizemos revelam sobre quem somos em nosso interior?

8. Em Tiago 3:9,10, ele parece realmente preocupado que nossa boca possa bendizer a Deus e, ao mesmo tempo, amaldiçoar os homens. Por quê?

ABRINDO A VIDA

9. Quando é mais difícil controlar sua língua?

10. Se Tiago estivesse aqui agora, que conselho você acha que ele nos daria sobre essas situações? Vamos tentar seguir esse conselho esta semana!

DICA AOS PAIS
Incentive os membros da família a serem específicos na maneira de responder as perguntas do "Abrindo a vida". Também ensine às crianças a esperar um minuto ou dois em silêncio antes de responderem. Isso lhes dará a oportunidade de pensar em suas respostas um pouco antes de terem de falar.

ANOTAÇÕES:

O QUE SIGNIFICA AMAR?

"...amemos uns aos outros porque o amor vem de Deus...".
1 JOÃO 4:7

TEMA: *Amor / Dia dos namorados*
TEXTO BÍBLICO: *1 João 4:7-12*

ABRINDO O ENCONTRO

1. Uma fábrica de doces ligou: eles precisam de novos slogans para os corações de chocolate este ano! Quais ideias podemos lhes dar?
2. Pior ainda, o Cupido demitiu-se! Ele está cansado de voar por aí vestido em uma fralda e vai seguir em frente em sua carreira profissional. Quem poderia assumir seu lugar como mascote no Dia dos namorados?

> **DICA PARA ATIVIDADE EXTRA**
> Bem, parece muito óbvio, mas como uma surpresa para acompanhar este devocional, compre alguns chocolates em forma de coração para compartilhar com a família. Escreva cartões com dizeres especiais para cada um dos seus filhos (por exemplo, "amor" ou "doçura") e presenteie cada um juntamente com um abraço e um elogio.

ABRINDO A BÍBLIA

3. Além de dar um cartão ou bombons no dia dos namorados, como as pessoas em nossa família podem demonstrar que nos amam? Dar exemplos.

Todos os membros da família devem ler 1 João 4:7-12.

4. O amor é mais do que apenas um slogan de uma data especial — é a essência de Deus! Quais são os cinco elementos importantes que ouvimos João falar sobre o amor nesses versículos? Por que você acha que eles são importantes?

5. O amor vem de Deus (veja o v.7). Como é esse tipo de amor? Descreva.

> **NOS BASTIDORES: 1 JOÃO 4:9,10**
>
> A mensagem de João de que foi Deus quem iniciou o relacionamento de amor conosco deve ter sido difícil de aceitar por parte de muitos judeus religiosos na antiga Palestina. Talvez seja por isso que ele enfatizou tão fortemente e a repetiu em 1 João 4:9,10!
>
> De acordo com fontes teológicas judaicas existentes nesse tempo, muitos mantinham uma perspectiva mais legalista que impunha uma obrigação de que a pessoa merecesse o amor de Deus; Ele não era oferecido livremente. Por exemplo, um grupo conhecido como Terapeuta via o amor de Deus como o uma "recompensa adequada" para um estilo de vida virtuoso. Outros pregavam que Deus amaria as pessoas somente se elas cuidassem dos órfãos. Ou que Deus se dignaria a amar as pessoas se elas visitassem os doentes e praticassem boas obras.[29]
>
> Mas João escreveu sobre isso de modo a não deixar dúvida: Deus nos amou antes que pudéssemos fazer qualquer coisa para merecer esse amor — e providenciou isso enviando Seu próprio Filho para nos redimir de nossos pecados.

6. Quando amamos os outros, nós estamos propagando o amor de Deus. Como isso acontece durante um dia normal em sua vida?

7. De que forma o amor de Deus nos transforma para melhor?
8. E se Deus só gostasse de nós, mas não nos amasse? Isso faria alguma diferença? Explique.

ABRINDO A VIDA

9. E se nós apenas gostássemos de Deus, mas não o amássemos? Isso faria qualquer diferença na maneira de agirmos em relação a Ele?
10. Como podemos demonstrar a Deus esta semana que nós o amamos? Vamos discutir ideias!

> **DICA AOS PAIS**
>
> Incentive os membros da família a serem específicos na maneira de responder as perguntas do "Abrindo a vida". Também ensine às crianças a esperar um minuto ou dois em silêncio antes de responderem. Isso lhes dará a oportunidade de pensar em suas respostas um pouco antes de terem de falar.

ANOTAÇÕES:

51

VERDADEIRO OU FALSO?

*"...continuem a progredir na sua fé,
que é a fé mais sagrada que existe...".*
JUDAS 20

TEMA: *Verdade*
TEXTO BÍBLICO: *Judas 1:17-25*

ABRINDO O ENCONTRO

1. Verdadeiro ou falso: Você pode confiar em tudo que um líder da igreja ou mestre diz. Justifique sua resposta.
2. Como você sabe se alguém está dizendo a verdade sobre Deus?

> **DICA PARA ATIVIDADE EXTRA**
> Se seus filhos são do tipo musical — ou simplesmente gostam de ser criativos — use Judas 1:24,25 como inspiração para promover um tempo de música em família. Incentive todos a trabalharem juntos para criar uma nova canção, utilizando parte dos versículos ou todo o texto. Efeitos de som, instrumentos e dança são opcionais.

ABRINDO A BÍBLIA

Todos os membros da família devem ler Judas 1:17-25.

3. Judas escreveu esta carta para alertar os cristãos de que alguns de seus líderes não estavam dizendo a verdade sobre Deus. Você acha que ainda precisamos desse tipo de alerta hoje? Por quê? Justifique sua resposta.

4. Judas sugere que podemos evitar ser enganados por falsos mestres por meio da edificação de nós mesmos em nossa "mais sagrada fé" (v.20). O que ele está querendo dizer?

5. O que você acha que devemos fazer quando ouvirmos alguém transmitindo ensinos falsos sobre Deus?

> **NOS BASTIDORES: JUDAS 1:17-19**
>
> O estudioso da Bíblia, Warren Wiersbe, observa: "Onde quer que haja o legítimo, aquilo que é falso aparecerá".[30] Aparentemente, isso também era verdade na época em que Judas foi escrito.
>
> O apóstolo Pedro tinha escrito anteriormente às igrejas da época com um aviso sobre falsos mestres que iriam se infiltrar em seu meio e desencaminhar a muitos (2 Pedro 2:1-3). Judas agora vê esse aviso profético se realizando e escreve como uma continuação da carta de Pedro. Um grupo de falsos mestres havia surgido e eles eram "exploradores e promotores da imoralidade sexual desenfreada" e agora estavam influenciando negativamente várias igrejas.[31]
>
> Para combater sua influência, Judas leva seus leitores de volta a uma das principais ferramentas para discernir se um mestre fala ou não a verdade sobre Cristo: "Lembrem-se do que foi profetizado pelos apóstolos do nosso Senhor Jesus Cristo" (Judas 17). Wiersbe explica: "Desde que Cristo transmitiu 'a fé' (Judas 3) a Seus apóstolos... o ensino apostólico foi e ainda é, o teste da verdade".[32]

6. Às vezes as pessoas ficam confusas e não sabem o que acreditar sobre Deus — e às vezes isso pode acontecer com você ou comigo.

O que aprendemos com os versículos 21-23 para nos ajudar nessas situações?

7. As palavras de Judas 24,25 têm servido de inspiração para canções de adoração por muitos séculos. Em uma frase, qual seria a mensagem principal de Judas nesses versículos?

8. Qual é a mensagem importante para nós hoje?

ABRINDO A VIDA

9. Se Judas fosse sair com você amanhã, que conselho você acha que ele lhe daria?

10. Enquanto vivemos nossa vida diária esta semana, como podemos seguir os bons conselhos que obtivemos de Judas 17-25?

DICA AOS PAIS

Incentive os membros da família a serem específicos na maneira de responder as perguntas do "Abrindo a vida". Também ensine às crianças a esperar um minuto ou dois em silêncio antes de responderem. Isso lhes dará a oportunidade de pensar em suas respostas um pouco antes de terem de falar.

ANOTAÇÕES:

52

O QUE ACONTECEU?

"...vi uma porta aberta no céu...".
APOCALIPSE 4:1

TEMA: *Céu*
TEXTO BÍBLICO: *Apocalipse 4:1-11*

ABRINDO O ENCONTRO

1. O que você sabe sobre o Céu? Conte-nos o que você acha do Céu.
2. O que acha que aconteceria se você fosse convidado a visitar o Céu por uma hora ou mais? Descreva.

> **DICA PARA ATIVIDADE EXTRA**
>
> Se você tiver tempo e energia criativa no final deste devocional, pegue alguns pedaços de giz e vá para a calçada da frente de sua casa. Convide cada membro da família para usar o giz e desenhar uma imagem que ilustre um elemento da cena descrita em Apocalipse 4:1-11. Por exemplo, alguém pode desenhar um arco-íris com brilho de esmeralda, um trono colorido dentre os "seres viventes" e assim por diante. Quando terminarem, vocês terão na calçada um mural de Apocalipse 4:1-11 para lembrar-lhes do devocional de hoje!

ABRINDO A BÍBLIA

3. Se você fosse o apresentador de um programa de televisão e tivesse um convidado que tivesse passado uma hora no Céu, o que perguntaria a essa pessoa? Por quê?

Todos os membros da família devem ler Apocalipse 4:1-11.

4. Acredite ou não, o apóstolo João realmente teve uma visão do Céu. O que vem à sua mente depois de ler a descrição dele em Apocalipse 4:1-11?

5. Na visão de João a respeito do Céu, Deus está sentado em um grande trono como Rei sobre todas as coisas. Como isso faz você se sentir? Por quê?

> **NOS BASTIDORES: APOCALIPSE 4:2,3**
>
> A visão de João de um trono no Céu "com alguém sentado nele" é consistente com outras visões proféticas de Deus em Sua glória celestial (Isaías 6:1). A descrição de Deus e Seu trono celestial em termos de pedras preciosas de cores do arco-íris também é consistente com visões bíblicas anteriores (Ezequiel 1:28).
>
> Na escolha de pedras (jaspe, cornalina e esmeraldas) como imagens comparativas para inexplicáveis sinais no Céu, as escolhas descritivas de João seriam facilmente reconhecidas por seus leitores como objetos altamente valorizados. Cornalina (uma pedra vermelha translúcida) era particularmente admirada quando usada em joias gregas e romanas.[33]

6. Os quatro "seres viventes" pareciam efeitos especiais de um filme! Mas eles eram reais e estavam constantemente perto Deus. Se eles viessem para o jantar uma noite dessas, o que você acha que nos diriam sobre Deus?

7. O mais importante sobre o Céu é que Deus está lá. E a coisa mais importante sobre a vida aqui na Terra é que Deus também está aqui. Por que isso faz a diferença para nós?

8. Às vezes podemos ver um pedacinho do paraíso aqui na Terra — como a beleza do céu, a bondade de um amigo ou até mesmo as delícias da nossa comida. De que maneira você viu um pedacinho do Céu na Terra nessa semana passada?

ABRINDO A VIDA

9. Por que você acha que o Céu está cheio de pessoas e criaturas que estão constantemente falando sobre o quanto Deus é maravilhoso?
10. Fale sobre um atributo de Deus que você reconhece ser maravilhoso? Quando foi a última vez que você disse isso a Ele? Vamos conversar com Deus sobre isso agora.

> **DICA AOS PAIS**
>
> Incentive os membros da família a serem específicos na maneira de responder as perguntas do "Abrindo a vida". Também ensine às crianças a esperar um minuto ou dois em silêncio antes de responderem. Isso lhes dará a oportunidade de pensar em suas respostas um pouco antes de terem de falar.

ANOTAÇÕES:

Apêndice

VINTE DICAS PARA FANTÁSTICAS DISCUSSÕES EM FAMÍLIA

1. RELAXE

Alguns pais, quando estão conduzindo devocionais, se sentem um pouco estressados e pressionados a fazer um "bom" trabalho. Muitas vezes isso resulta em discussões, os filhos se sentem desconfortáveis e os pais se sentem fracassados. Então, sabe de uma coisa? Esqueça tudo isso. Apenas relaxe. Seja você mesmo. Inicie o bate-papo e veja aonde ele vai levar. Deixe Deus se preocupar com o restante.

2. DIVIRTA-SE!

Seus filhos seguirão o seu exemplo durante o tempo devocional. Se você for rígido e sério e não esboçar um sorriso, eles acabarão odiando o estudo da Palavra de Deus. Então, por que não se divertir? Ei, você está passando um tempo com seus filhos e falando sobre Deus — duas das coisas mais legais do mundo! Ria um pouco. Seja flexível. Seja criativo. Divirta-se! Se você desfrutar de verdade do tempo que tiverem juntos, seus filhos também o farão — e todos irão se beneficiar desse tempo.

3. DESAFIE SEUS FILHOS A PENSAREM ALÉM DO ÓBVIO

Nossos filhos são socialmente treinados para tentar nos dar a resposta "certa" quando fizermos uma pergunta. Isso significa que muitas crianças oferecerão a resposta "Jesus!" ou alguma outra resposta segura quando você tentar desencadear uma discussão.

Não os repreenda por isso — mas desafie sua família a evitar respostas fáceis, livres de risco e a ir mais fundo. E que eles saibam que nem tudo tem uma resposta "certa", então eles têm a liberdade de fazer um *brainstorm* — mesmo que isso signifique levantar mais perguntas.

4. USE ESTAS DICAS

Para desafiar seus filhos a pensar além do óbvio, pode ser útil dar-lhes dicas para ajudá-los a ir mais fundo. Por exemplo, se uma criança fizer uma declaração simples ou der uma resposta em uma única frase, tente falar algo do tipo: "Fale mais sobre isso"; "O que você quer dizer?"; "Como você explicaria isso para sua irmã pequena?; "Isso é interessante; ajude-me a compreender melhor"; "O que é isso?" ou "Justifique sua resposta". Você trabalha a ideia.

5. PERMITA-LHES UM TEMPO EM SILÊNCIO ANTES QUE ELES RESPONDAM

Ei, demora algum tempo pensar nas coisas que são importantes, então dê a seus filhos esse tempo. Não ceda à tentação de preencher o silêncio quando o pensamento estiver em ação. Apenas espere enquanto os membros de sua família pensam por si mesmos. Em breve alguém falará.

6. LEMBRE-SE, RARAMENTE HÁ UMA RESPOSTA "CERTA"

Veja, se isso fosse um livro de questionário bíblico, então você poderia esperar por uma única resposta "correta" para cada pergunta. Mas esse é um pensamento simplista. Este livro, no entanto, tem o objetivo de incentivar seus filhos a pensar com mais profundidade sobre a Bíblia. Isso significa que tudo é possível, uma vez que haja uma pergunta. Acostume-se com isso. Você irá gostar.

7. RESISTA À TENTAÇÃO DE SER O "REI DAS RESPOSTAS" (OU RAINHA)

Às vezes, as crianças vão esperar que você forneça pistas sobre o que você quer que elas digam ou mesmo para lhes dar a resposta "correta" a uma pergunta da discussão. Evite a tentação de preencher aquele espaço em branco para elas. Em vez disso, ajude seus filhos a pensarem por si mesmos sobre a Palavra de Deus restringindo sua tendência natural de fornecer a resposta. Quando eles pedirem que você defina alguns aspectos de uma pergunta, diga: "O que você acha sobre isto? Você decide". Quando eles quiserem que você forneça uma resposta definitiva, diga: "Como você responderia se fosse eu?". Lembre-se de que, quando eles falam, eles aprendem — então, dê-lhes espaço sempre que puder.

8. FIQUE À VONTADE PARA DIZER: "NÃO SEI"

Isto está relacionado à questão do Rei das respostas (ou Rainha) que foi abordada no item 7, mas é interessante enfatizar separadamente. Às vezes seus filhos vão lhe fazer uma pergunta que você simplesmente não se sentirá confortável para responder. Não tente desconversar; basta ser honesto e dizer algo assim: "Eu realmente não sei a resposta a esta pergunta. O que vocês acham que podíamos fazer para encontrar uma resposta?". Seus filhos vão gostar de saber que você está se unindo a eles em sua jornada de descoberta.

9. LEMBRE-SE DE QUE UM DEVOCIONAL EM FAMÍLIA É, PRIMEIRAMENTE, UMA CONVERSA

Pelo fato de vocês estarem estudando a Bíblia em família, vai ser tentador cair nos papéis de professor/aluno. Tente lembrar-se de que a escola é o lugar para professores e alunos; sua casa é o lugar para *bate-papos* sobre a fé. Permita que seu tempo juntos seja um dar e receber, de amigos conversando e curtindo uma boa discussão sobre a Palavra de Deus.

10. SEJA PERSEVERANTE

Uma das maiores ferramentas de devocionais em família é simples: perseverança.

As crianças respondem à rotina; ela lhes dá uma sensação de segurança e comunica por meio de ações o que você diz sobre seus valores de vida. Sendo assim, planeje que sua família se reúna para discutir a Palavra de Deus em uma programação regular. Por exemplo, talvez vocês possam gastar meia hora todas as noites de terça-feira em devocionais em família. Ou talvez vocês possam fazer seus devocionais no primeiro domingo de cada mês. Escolha o que funciona melhor para sua família — e então cumpra esse programa.

11. SEJA FLEXÍVEL

Ah! Depois de ler a dica número 10, você provavelmente vai achar que estamos lhe dando exatamente o conselho contrário aqui, certo? Errado. O que estamos dizendo é que, uma vez que você estabeleceu um padrão para seus devocionais em família, é bom aparecer com algumas surpresas de vez em quando. Por exemplo, por que não ter um culto familiar durante uma viagem de carro para visitar parentes? Ou convidar outra família para desfrutar de um devocional com a sua? Seja criativo, seja flexível e divirta-se.

12. SEJA VERDADEIRO

Se a única vez que você falar sobre Deus e a Bíblia com seus filhos for durante um culto familiar, então isso é um problema. A expectativa é que vocês, pais, não somente tragam as crianças para mais perto de Deus, mas também que as façam crescer continuamente em seu relacionamento com Jesus. Deixe que a realidade se torne manifesta em sua vida diária e nas conversas com seus filhos. Se eles virem você na quarta-feira vivendo — e falando — tudo que aprendeu durante o devocional de vocês no domingo, esse tipo de autenticidade os marcará pela vida inteira.

13. OBSERVE CUIDADOSAMENTE ONDE VOCÊ VAI FAZER O DEVOCIONAL FAMILIAR

Crianças que estão fisicamente desconfortáveis logo se tornam emocional e intelectualmente desconfortáveis. Então, planeje a reunião em algum lugar que tenha assentos confortáveis, poucas distrações, uma temperatura agradável, e assim por diante. Por que sentar rigidamente na mesa da sala de jantar quando o sofá confortável da sala está ao lado? Deixe seus filhos se esparramarem no sofá e relaxar enquanto vocês conversam, isso vai lhes comunicar que falar sobre Deus é normal e faz parte da vida.

14. INCENTIVE SEUS FILHOS A QUESTIONAREM

Uma boa discussão da Bíblia segue uma estrutura de tópicos, mas nunca um *script*. Às vezes, as perguntas que você faz suscitarão mais perguntas por parte dos membros de sua família. Tudo bem — isso mostra que eles estão pensando no assunto. Então, as perguntas pertinentes de seus filhos são bem-vindas e, às vezes, você mesmo pode pedir que eles questionem.

15. FAÇA AS PERGUNTAS DA DISCUSSÃO TRABALHAREM A SEU FAVOR, E NÃO AO CONTRÁRIO

Ao trabalhar com as diretrizes para discussão no *52 meditações para você e seu filho*, você logo descobrirá que a ordem das perguntas segue uma progressão. No entanto, isso não significa que você tem que fazer todas as perguntas em ordem. Sinta-se livre para adaptar as perguntas e para questionar a essa ordem, de modo que elas se encaixem nos interesses e experiências de sua família — e para acrescentar perguntas totalmente novas, como preferir.

16. LEMBRE-SE, SE VOCÊ NÃO CONSEGUIR TERMINAR UM GUIA DE DISCUSSÃO INTEIRO, NÃO HÁ PROBLEMA

Às vezes uma única pergunta pode desencadear bastante conversa para preencher 30 minutos. Outras vezes, uma pergunta não vai funcionar com sua família. Essas duas situações podem ocorrer e não há problema algum. Se as crianças parecem interessadas em falar sobre um determinado aspecto de um devocional, siga o fluxo e deixe a conversa continuar. Se uma pergunta parece não se encaixar à sua família, siga em frente, ignore-a e parta para a próxima. Siga a pista que sua família está lhe dando e concentre-se nas questões que parecem mais relevantes e interessantes, mesmo que isso signifique deixar uma ou duas perguntas fora da discussão.

17. DEIXE QUE SEUS FILHOS SEJAM OS LÍDERES, ÀS VEZES

Uma característica muito boa a respeito do livro *52 meditações para você e seu filho* é que qualquer pessoa pode usá-lo para conduzir o devocional. Então, de vez em quando, deixe outra pessoa liderar! Inicie o devocional e, em seguida, jogue o livro para um de seus filhos e deixe que ele ou ela faça o papel de facilitador na discussão. Esse tipo de coisa constrói camaradagem e confiança — e comunica que você valoriza e respeita seus filhos.

18. TENTE COLOCAR EM PRÁTICA A "DICA PARA ATIVIDADE EXTRA"

Todo devocional neste livro tem uma ideia simples e criativa para adicionar um pouco mais de diversão à experiência de sua família em estudar a Bíblia. Encontre aquelas que parecem apropriadas para seus filhos e experimente colocá-las em prática. Provavelmente todos vocês vão apreciar essas ideias complementares.

19. ORE

O melhor culto familiar do mundo parecerá irrelevante se Deus não estiver em ação. E a conversa mais inócua pode transformar uma pessoa para sempre — se Deus estiver nela. Então, certifique-se de separar tempo para orar a Deus (antes, durante e depois), pedindo que Ele esteja trabalhando no coração e na vida dos membros de sua família. Você definitivamente notará a diferença!

20. CONFIE!

É difícil acreditar, mas você não é responsável pelo crescimento espiritual de seus filhos. Deus é responsável por isso (veja 1 Coríntios 3:6). Seu trabalho é partilhar fielmente a Palavra de Deus — "plantar" e "regar". Então seus filhos falarão sobre a Bíblia... e seguirão o caminho. Confie em Deus para fazer crescer o fruto de seus esforços.

Deus o abençoe!

NOTAS

1. Wayne Martindale e Jerry Root, *The quotable Lewis*, Wheaton: Tyndale, 1989, p.89.

INTRODUÇÃO

1. Allan Lazar, Dan Karlan e Jeremy Salter, *The 101 most influential people who never*, Nova Iorque: Harper, 2006, pp.170-171.

PARTE 1: GUIAS PARA DISCUSSÃO SOBRE O ANTIGO TESTAMENTO

1. James Strong, *New Strong's concise dictionary of the words in the Hebrew Bible*, *The New Strong's exhaustive concordance of the Bible*, Nashville: Thomas Nelson, 1995,1996, pp.120-121. Palavra 6754
2. *Bíblia de estudo arqueológica*, São Paulo: Editora Vida, 2013, nota sobre Gênesis 11:4, p.20.
3. Owen Collins, ed.,*The classic Bible Commentary*, Wheaton: Crossway, 1999, p.19.
4. Earl Radmacher, Ronald B. Allene H. Wayne House, *Nelson's New Ilustrated Bible Commentary*, Nashville: Thomas Nelson, 1999, p.52.
5. *The interpreter's Bible*, vol.1, Nashville: Abingdon Press, 1955, p.979, notas sobre Êxodo 20:1-7.
6. Walter A. Elwell, ed., *Baker commentary on the Bible*, Grand Rapids: Baker, 1989, p.54.
7. Lawrence O. Richards, ed., *The Revell Bible dictionary*, Grand Rapids: Revell, 1990, p.822.
8. Alfred J. Hoerth, *Archeology and the Old Testament*, Grand Rapids: Baker, 1998, pp.208-9.
9. John H. Walton, Victor H. Matthews e Mark W. Chavalas, *The IVP Bible background commentary, Old Testament*, Downers Grove: InterVarsity, 2000, pp.172, 240.
10. Stephen M. Miller, *Who's who and where's where in the Bible*, Unrichsville: Barbour, 2004, p.126.
11. Walton, Matthews, Chavalas, *IVP Bible background commentary*, Old Testament, p.277.
12. *ESV study Bible*, Wheaton: Crossway Bibles, 2008, p.517, notas sobre 1 Samuel 16:7.
13. Frank S. Mead, *Who's who in the Bible*, Nova Iorque: Galaha Books, 1934, p.82.
14. Gien Karssen, *Her name is woman*, Colorado Springs: NavPress, 1975, pp.98-99.
15. Leland Ryken, James C. Wilhoit e Tremper Longman III, eds. *Dictionary of biblical imagery*, Downers Grove: InterVarsity Academic, 1998, p.784-85.
16. Radmacher, Allen, House, *Nelson's New illustrated Bible commentary*, p.744.
17. Richards, *Revell Bible dictionary*, p.792.
18. Elvajean Hall, *The Proverbs*, Nova Iorque: Franklin Watts , Inc.,1970, p.12.
19. Clyde T. Francisco, *Introducing the Old Testament*, revised edition, Nashville: Broadman, 1977, p.271.
20. Radmacher, Allen, House, *Nelson's new illustrated Bible Commentary*, p.783.
21. Hoerth, *Archaeology and the Old Testament*, pp.370-371.
22. Eugene H. Merrill, *An historical survey of the Old Testament*, Phillipsburg: Presbyterian and Reformed Publishing, 1966, pp.303, 306.
23. Louis E. Hartman e Alexander A. Di Lella, *The anchor Bible: The book of Daniel*, Garden City, Doubleday, 1978, p.130.
24. Ibid., 160.
25. "The city of Nineveh", *ESV study Bible*, Wheaton: Crossway Bibles, 2008, p.1691.
26. Ibid., 1690, notas sobre Jonas 3:5, 7, 8, 10.
27. "What does God require from us?", *The quest study Bible*, Grand Rapis: Zondervan, 1994, p.1284.
28. "Introduction to Nahum", *Archaeological study Bible*, pp.1494-95.
29. Strong, "New Strong's concise dictionary of the Words in the Hebrew Bible, *The new Strong's exhaustive concordance of the Bible*, p.81, palavras 4581.
30. *Quest study Bible*, 1293.
31. Francisco, *Introducing the Old Testament*, p.221.
32. Kenneth Barker, ed. "Zechariah Introduction", *Zondervan NASB study Bible*, Grand Rapids: Zondervan, 1999, p.1331-32.

PARTE 2: GUIAS PARA DISCUSSÃO SOBRE O NOVO TESTAMENTO

1. *The interpreter's Bible*, volume VII, Nashville: Abingdon Press, 1951, p.257, notas sobre Mateus 2:2.
2. Craig A. Evans, ed, *The Bible knowledge background commentary: Matthew–Luke*, Colorado Springs: Victor, 2003, p.38.
3. John F. Walvoord e Roy B. Zuck, The Bible commentary: New Testament, Colorado: Victor, 1983, p.38.
4. Richards, *Revell Bible Dictionary*, p.209.
5. *Who was who in the Bible*, Nashville: Thomas Nelson, 1999, p.259.
6. Evans, *Bible knowledge background commentary: Matthew–Luke*, p.338.
7. Mark Bailey e Tom Constable, *The New Testament Explorer*, Nashville: Word, 1999, p.65.
8. Ibid., p.95.
9. Herschel Hobbs e os editores do Biblical illustrator, *The illustrated life of Jesus*, Nashville: Holman Reference, 2000, p.57.
10. Ibid., p.58.
11. Lawrence O. Richards, *New Testament life and times*, Colorado Springs: Victor, 1994. 2002, pp.181-183.
12. Timothy Paul Jones, *Prayers Jesus prayed*, Ann Arbor: Servant Publications, 2002, pp.91-92.
13. Craig S. Keener, *The IVP Bible background commentary: New Testament*, Downers Grove: InterVarsity, 1993, pp.278-79.
14. Clinton E. Arnold, ed., *Zondervan illustrated Bible backgrounds commentary*, vol. 2, Grand Rapids: Zondervan, 2002, p.109.
15. Charles R. Swindoll, *Swindoll's New Testament insights: insights on John*, Grand Rapids: Zondervan, 2010, p.52.
16. Clinton E. Arnold, ed., *Zondervan illustrated Bible backgrounds commentary*, vol. 3, Grand Rapids: Zondervan, 2002, p.52.
17. Walvoord e Zuck, *Bible knowledge background commentary: New Testament*, p.475.
18. Craig A. Evans, ed., *The Bible knowledge background commentary Actos–Philemon*, Colorado Springs: Victor, 2004, p.236.
19. Barker, "1 Corinthians Introduction", *Zondervan NASB study Bible*, 1660.
20. Ibid., 1678, notas sobre 1 Coríntios 12:14-20.
21. Ryken, Wilhoit, Longman, *Dictionary of biblical imagery*, pp.365-66.
22. Lawrence O. Richards, *Expository dictionary of Bible words*, Grand Rapids: Regency Reference Library/Zondervan, 1985, 317–18, 320.
23. Arnold, *Zondervan illustrated Bible backgrounds commentary*, vol. 3, p.395.
24. ibid., 421–22.
25. Charles Swindoll, *Swindoll's New Testament insights: insights on 1 & 2 Timothy, Titus*, Grand Rapids: Zondervan, 2010, pp; 219–20.
26. James Strong, "New Strong' concise dictionary of the words in the Greek Testament", *The New Strong's exhaustive concordance of the Bible*, Nasville: Thomas Nelson, 1995, 1996, p.94, palavra 5287.
27. keener, *IVP Bible background commentary: New Testament*, 693.
28. *Who was who in the Bible*, p.172.
29. Clinton E. Arnold, ed., *Zondervan illustrated Bible backgrounds commentary*, vol. 4, Grand Rapids: Zondervan, 2002, p.202.
30. Warren W. Wiersbe, *The Bible exposition commentary: New Testament*, vol. 2, Colorado Springs: Victor, 2001, p.558.
31. Elwell, *Baker commentary on the Bible*, 1190.
32. Wiersbe, *The Bible exposition commentary: New Testament*, vol.2, p.558.
33. Arnold, *Zondervan illustrated Bible backgrounds commentary*, vol. 4, p.279.